Wörter waschen

Wolf Schneider

Wörter waschen

26 gute Gründe,
politischen Begriffen zu misstrauen

Ein FOLIO-Buch im NZZ Verlag

© 2005 Verlag Neue Zürcher Zeitung, Zürich

Dieses Werk ist urheberrechtlich geschützt. Die dadurch begründeten Rechte, insbesondere die der Übersetzung, des Nachdrucks, des Vortrags, der Funksendung, der Mikroverfilmung oder der Vervielfältigung auf anderen Wegen und der Speicherung in Datenverarbeitungsanlagen, bleiben, auch bei nur auszugsweiser Verwertung, vorbehalten. Eine Vervielfältigung dieses Werkes oder von Teilen dieses Werkes ist auch im Einzelfall nur in den Grenzen der gesetzlichen Bestimmungen des Urheberrechtsgesetzes in der jeweils geltenden Fassung zulässig. Sie ist grundsätzlich vergütungspflichtig. Zuwiderhandlungen unterliegen den Strafbestimmungen des Urheberrechts.

ISBN 3-03823-188-6

Inhaltsverzeichnis

Einleitung

Warum wir Wörter waschen sollten	7

26 Reinigungsversuche

Paradiese für Spinner und Spinnen	15
Was ist gleicher als «gleich»?	19
Ein schiefes Ideal	23
Ein Wort für alle Gelegenheiten	27
Von der Lust, das Unmessbare zu messen	31
Wer wagt es, sich «gesund» zu nennen?	35
Wie Alfred Kinsey über Moses siegte	40
Preisrätsel für Fortgeschrittene	44
Reich, arm und verwaist dazu	48
Ein Raumschiff mit sechs Milliarden Passagieren	52
Soziale Gerechtigkeit – die hinkende Kuh	56
Wer kommuniziert mit wem warum?	60
Ehrenrettung für die Schadenfreude	64
Wer schützt uns vor der Natur?	68
Am Abgrund des Schübelweihers	72

Die Maschinerie der Vorurteile 76
Nachruf auf ein nobles Wort 80
Glück: eine Nonne als Geliebte 84
Mutmassungen über den Mut 88
Die Musse und der Müssiggang 92
Woran «Multikulti» gestorben ist 96
Und willst du nicht mein Bruder sein … 101
Unsere schöne Weihnachtsprosa 105
Was uns vom Affen trennt 109
Von den Vorzügen des Neides 113
Der grösste Zwerg der Welt 117

Wie wir Begriffe prägen

Wir plappern wie die Papageien 123
Wo ist der Wind, wenn er nicht weht? 130
Abstraktion: vom Reisszweck zur Lebensqualität 137
Begriffe besetzen – das tückische Gesellschaftsspiel 146
Die Grossmeister des Misstrauens 155

Namen- und Sachregister 168

Warum wir Wörter waschen sollten

«Man hat seine eigene Wäsche, man wäscht sie mitunter – man hat nicht seine eigenen Wörter, und man wäscht sie nie.» Bert Brecht schrieb das 1920 auf, in der Einsicht, dass eine gründliche Reinigung vielen unserer Wörter, zumal unserer Leitbegriffe, gut bekommen würde. Und da war er noch gar nicht überschüttet von dem Sturzbach an Geschreibsel und Geschwätz, der heute aus dem Computer, aus dem Radio, aus dem Fernsehen auf uns niederdrischt.

Eigene Wörter, in der Tat, haben wir nicht. Wir *erben* die Sprache – eine Schatztruhe voll Gold, Talmi, Plunder und verrottetem Papier. Ihr entnehmen wir die fertigen Begriffe, mit denen wir die Welt zu bewältigen versuchen. Die ältesten von ihnen sind an den Lagerfeuern der Jüngeren Altsteinzeit erdacht und geprägt worden: willkürliche Lautfolgen, von Häuptlingen und Medizinmännern abgesegnet – Namensschilder für die Dinge, die uns umgeben, aber auch für die Erfahrungen und Empfindungen unserer Vorfahren, für ihre Wünsche und ihre Ängste, ihre Irrtümer, ihre Wahnvorstellungen, ihren Aberglauben. In tausend Generationen haben sie «das ungeheure Gebälk und Bretterwerk der Begriffsbilder» gezimmert, an das wir uns dankbar und ängstlich klammern, wie Nietzsche sagt.

Viel zu kurz wäre ja ein Menschenleben, als dass wir uns auch nur für einen Bruchteil dieser ungeheuren Hinterlassenschaft die Wörter selber ausdenken könnten – umgekehrt: Nichts ist seltener, als dass irgendeinem Zeitgenossen eine Reihung von Lauten einfiele, die noch nicht da war. Wo ein Benennungsbedürfnis neu auftaucht, da setzen wir einfach Wörter neu zusammen wie *Chancengleichheit* oder *Umweltschutz*, wir spielen mit alten Silben wie *Multikulti*, wir laden alte Vokabeln mit neuer Bedeutung auf wie *cool* oder *Betroffenheit*. Die Zeit des Aus-dem-Nichts-Erfindens aber ist vorbei. Wort*zeugung* findet nicht mehr statt.

Mit unseren Umgruppierungen und Sinnverschiebungen sind wir allerdings kräftig dabei, den schlimmeren Teil unseres steinzeitlichen Erbes zu vergrössern. Den angeschimmelten Begriffen, die noch die Aura von Knochenspiessen und Thingplatz haben, gesellen wir solche zu, die erst seit ein paar Jahrhunderten durch die Druckerschwärze geistern oder ihr Leben der jüngsten Mode in Politik und Gesellschaft verdanken. Was, zum Beispiel, sollen wir vom «Fortschritt» halten? Bäten wir 100 Mitmenschen um Auskunft, was sie darunter verstehen: Dutzende von Definitionen würden durch den Äther schallen und dutzendfach blosses Gestammel.

Auch dort aber, wo wir meinen, hier werde mit einem unschuldigen Wort etwas Greifbares bezeichnet, geraten wir rasch in einen Sumpf. Was haben denn ein Pferd und eine Stechmücke gemeinsam? Was ein Elefant und die Schraubenwurmfliege *Cochliomya hominivorax*, menschenfressend, wie der Name sagt, vor allem aber Schafe quälend bis in den Tod, weil sie ihnen Hunderte von Eiern in Augen, Nasenhöhlen oder Wunden legt? Gemeinsam haben die vier Lebewesen nur, dass unsere Ahnen sie unter das Begriffsdach «Tier» geschoben haben. War das vernünftig? Vertragen sie sich da? Hat eigentlich der «Tierschutz» definiert, wen er schützen will? Oder der Deutsche Bundestag, als er 2002 dem Schutz «der Tiere» gar Verfassungsrang verlieh – mit der abstrusen Folge, dass jeder, der eine Fliege erschlägt, gegen das Grundgesetz verstösst?

Wörter sind Vorurteile. Wörter sind Mumien, die keiner entsorgt. Wörter sind Nebelkerzen, die unsere Politiker abbrennen, weil sie nicht erläutern wollen oder selbst nicht wissen, was sich dahinter verbirgt – die «soziale Gerechtigkeit» zum Beispiel. Wörter sind Trostpflaster: Nur auf dem Papier, schrieb George Bernard Shaw, habe die Menschheit es je zu Weisheit, Tugend und ewiger Liebe gebracht.

Und Wörter sind Keulen: Was wir «Ungeziefer» nennen, das schlagen wir tot. Mit Barbaren, Heiden, Juden, Kulaken geschah es ebenso. «Es ist nicht abzusehen, wie viel Blut um blosser vager Begriffe willen geflossen ist», schrieb Friedrich Dürrenmatt, «und, wird das nicht begriffen, wie viel Blut noch fliessen wird.»

Grossen Worten zu misstrauen, ist also ein guter Rat, und seit fast 400 Jahren könnten wir ihn hören. Francis Bacon, Lordkanzler und Philosoph, warnte 1620 vor den *idola fori*, den «Trugbildern des Marktes», also der öffentlichen Meinung; darunter verstand er «die Namen von Dingen, mit denen die Philosophie uns täuscht und denen der Gegenstand fehlt».

Der englische Philosoph John Locke wetterte 1690 gegen die Unsitte, «die Wörter auf Treu und Glauben hinzunehmen» und sie nachzuplappern wie die Papageien; doch stosse die Einsicht, dass es Wörter gebe, die nichts bedeuten, auf Widerstand, da Väter, Lehrer, Pfarrer sie nun mal verwendet hätten. Dieser Widerstand ist heftig wie eh und je. Kein Aberglaube sitzt tiefer in uns, keine Zwangsvorstellung hat gravierendere Folgen für unser Leben wie für die grosse Politik als der Wahn, Wörter hätten unstrittige Bedeutungen, und mindestens irgendeinen Sinn müssten sie doch transportieren. «Gewöhnlich glaubt der Mensch, wenn er nur Worte hört, es müsse sich dabei doch auch was denken lassen», lässt Goethe den Mephisto sagen. Elias Canetti hat keinen Widerhall gefunden auf seinen Vorschlag, Akademien einzurichten, «deren Aufgabe es wäre, von Zeit zu Zeit gewisse Worte abzuschaffen».

Sie zu tilgen, das wird nicht gelingen – aber mit dem Waschen könnte man es versuchen. Nach der Reinigung würden einige verstaubte, verkalkte Begriffe vielleicht wieder brauchbar geworden, andere aber eingelaufen, entfärbt und kaum noch benutzbar sein. Was bleibt von der «Selbstverwirklichung», wenn wir sie gewaschen haben? Was vom «Naturschutz» und der «Lebensqualität»? Von regierenden Begriffen also, von denen anschaulich zu machen wäre, warum ein redlicher Mensch sie nur entweder mit einer klaren Erläuterung oder gar nicht mehr benutzen sollte, es sei denn mit jenem Augenzwinkern, das Wörter wie «Ehre» oder «Elite» schon heute oft begleitet.

Vielleicht ist ja die *Gleichheit* nur eine Forderung an den Weltlauf, und zwar eine ziemlich hoffnungslose? Die *Freiheit* ein Etikett, zu dem es keine Flasche gibt? Der *Mut* ein Wortgötze, den Heerführer, Pfadfinder, Turnlehrer aufgerichtet haben, um ein ihnen erwünschtes Verhalten zu benennen – eines, das sich aus diversen Ängsten speist, oft mit einer Prise Dummheit abgeschmeckt?

Oder die *Selbstfindung*: Zauberwort der Anhänger von Bhagwans, Gurus und von Selbsterfahrungsgruppen, dem Grimmschen Wörterbuch (Band 16, 1905) noch unbekannt, laut Duden von 1999 «das Sich-selbst-Finden, Sich-selbst-Erfahren als Persönlichkeit». Da schwingt eine tollkühne Unterstellung mit: Was man in seinem Inneren finde, das könne nur erhebend sein.

Doch wer würde darauf wetten, dass nicht dieser oder jener tief in sich ein Charakterschwein entdeckte, das nur durch gute Erziehung, glückliche Umstände und eben durch den Verzicht auf alles Nachforschen daran gehindert worden ist, sich in seiner Scheusslichkeit zur Schau zu stellen?

Oder denken wir an das Schlagwort von der *Überalterung*. Wäre nicht einfach «Alterung» das angemessene, das faire Wort für die Tatsache, dass in den meisten hoch entwickelten Ländern der Anteil älterer Menschen steigt? Was daran ist *Über-*, also zu viel? Soll es heissen, dass der Anteil der Älteren gesenkt werden müsste und mit welchen Mitteln?

Und gar das *Paradies*: Welche Träume, welche Phantastereien spreizen sich in diesem Wort! An ein Schlaraffenland denken Arme und Kinder, der Glaube an ihren Garten der ewigen Glückseligkeit beflügelt die islamistischen Selbstmordattentäter, und wohlgemut reden wir von einem «Tierparadies», wenn die Krokodile noch ungehindert die Gazellen fressen dürfen. Ja, manche Paradiese können einen in Panik versetzen. Davon gleich mehr.

26 Reinigungsversuche

Paradiese für Spinner und Spinnen

Was das *Paradies* ist, scheint sonnenklar: nach der altpersischen Herkunft des Wortes ein königlicher Lustgarten wie die Hängenden Gärten der Semiramis; nach Dante ein Reich der Engelsglocken, der Jubelchöre und der unnennbaren Seligkeit; bei den Wikingern «Walhall», die Halle der Toten, die stets aufs neue erwachen, um zu kämpfen, zu zechen und zu sterben; für zeitgenössische Paradiesvögel mit Steuersorgen aber die Kayman-Inseln oder Liechtenstein – kurz: «Paradies» ist eines jener Wörter, die fast alles besagen und folglich fast nichts.

Unterscheiden sollte man wohl mindestens die Paradiese der Religionen von den irdischen Heilsversprechungen der Utopisten und beide von den Werbesprüchen über Ferien-, Ski- oder Einkaufsparadiese. Der schlesische Lyriker Johann Christian Günther, gestorben 1723, sprach sogar von «des Ehestandes Paradies ...», fuhr freilich fort: «... wird oft zum Klagetal».

Schon aus der Bibel kennen wir zwei Paradiese: das *vorzeitliche*, den Garten Eden, in dem Adam und Eva keine Chance hatten, eine Sünde zu begehen, so lange, bis ein Apfel sie in Teufels Küche brachte; und das *endzeitliche*, das Jenseits, den «Himmel», den Wohnsitz Gottes, der Engel und der Auferstandenen. Anschaulich macht uns die Bibel beide nicht. Adam und Eva lebten ohne Schmerzen, ohne Kummer, ohne Schweiss (1. Mose 3) – und folglich, falls Immanuel Kant recht hat, auch ohne Vergnügen: Denn dem *müsse* der Schmerz vorhergehen, «der Schmerz ist immer der erste».

Über das endzeitliche Paradies, das Jenseits, teilte Paulus nur mit: Die Seligen würden verwandelt werden «in die Herrlichkeit und die Unverweslichkeit» (1. Korinther 15). Der Kirchenvater Augustinus wollte «nicht so kühn sein, zu sagen, wie der verklärte Leib sich dort bewegen wird»; aber es werde keine Not mehr herrschen, nur reines, ewiges Glück.

Dieses merkwürdige Vakuum an vorstellbaren Zuständen hat die Ketzer auf den Plan gerufen: Vielleicht, malt sich eine Figur Dostojewskis aus, werde die Ewigkeit nur wie eine Badestube auf dem Lande sein, verräuchert und in allen Winkeln voller Spinnen. Jean Paul bekam es mit der Angst «vor der Menge von gemeinem Volk in der Ewigkeit», vor dem Wiedersehen der Urgrossväter, der Embryonen, der Hunde, der Katzen und der Maikäfer. Und Karl Kraus wollte für den Fall, dass er die Unsterblichkeit «mit gewissen Leuten» würde teilen müssen, «eine separierte Vergessenheit vorziehen».

Wo der Glaube stark und die Schilderung des Paradieses von schöner Konkretheit ist, haben solche Gedankenspiele keinen Platz. Den Muslim erwartet ein «Garten der Ewigkeit», in den Suren 55 und 56 des Korans so beschrieben: sprudelnde Wasser und schattige Bäume, Ströme von Honig, Milch und Wein, und der Wein wird «den Kopf nicht schmerzen und den Verstand nicht trüben». Auf golddurchwirkten Seidenkissen werden die Frommen ruhen, und gazellenäugige Jungfrauen, schön wie Rubine, werden sie verwöhnen mit keusch gesenktem Blick. «Das Ende steht bevor, und das Himmelsversprechen ist zum Greifen nah!» stand im Vademecum der Selbstmord-Attentäter vom 11. September. «Dies ist die Stunde, in der du Allah treffen wirst. Engel rufen deinen Namen.»

So wird die Verheissung des Paradieses ein Aufruf zur Tat, ein Kunstwerk aus goldenen Worten eine schrecklich wirkende Kraft. Wo die Verkünder des Heils indessen nicht ein jenseitiges, sondern ein irdisches Paradies versprechen, nimmt das Unheil noch zu.

Karl Marx prophezeite als Endphase der Menschheit nach der erfolgreichen proletarischen Revolution ein Reich ohne Mangel, in dem sich jeder «nach seinen Bedürfnissen» entfalten könne. Das war erstens ähnlich vage umschrieben wie das christliche Jenseits und zweitens nicht zu Ende gedacht: Denn wie, wenn ein durstiger Mensch statt des Bedürfnisses nach Wasser eines nach

Bier oder Champagner entwickelte – wäre die kommunistische Gesellschaft fähig und willens, es auch in dieser Form zu befriedigen? Natürlich nicht. Also muss der Mensch vorher umerzogen werden! hiess es im sowjetischen Parteiprogramm von 1961; nur der Umerzogene bietet die Chance, sich vom Kommunismus beglückt zu fühlen. «Manchmal packt mich die Angst, ich wäre schon im Paradies», schrieb 1966 der polnische Satiriker Stanislav Jerzy Lec.

Wer das irdische Schlaraffenland herbeizwingen will, steht ja gleich vor drei Problemen: Lässt sich ein Zustand, den alle Menschen als Wonne erleben würden, auch nur definieren? Und wenn: Würde er sich durchsetzen lassen ausser um den Preis des Terrors? Und was durch eine Schreckensherrschaft erzwungen worden wäre – könnte das noch «Paradies» heissen?

Schon das Wort also sollte uns warnen. Überlassen wir es den Gläubigen. Wo es uns den Himmel auf Erden verspricht oder in eine Redensart für Hotelprospekte abgeglitten ist, möge es verwesen. Eigentlich, sagt John Locke, sollten die Leute «nur über Dinge reden, von denen sie klare Vorstellungen besitzen»; dafür aber müsste man die Menschen dazu bringen, «entweder sehr einsichtsvoll oder sehr schweigsam zu sein». Für Einsichtsvolle wird die nächste Glosse an der «Gleichheit» hobeln.

Was ist gleicher als «gleich»?

*I*n unserem Wortschatz rumoren ein paar Terroristen, die *Kampfbegriffe*. «Gleichheit» heisst der explosivste unter ihnen. Wer bei ihr dem Rat von Karl Kraus folgt, öfter mal «vor dem Sprachgebrauch den Kopf zu schütteln», der muss auf Widerstand, ja auf allerlei Verunglimpfung gefasst sein. Schütteln wir ihn also.

Thomas Jefferson schrieb 1776 in die amerikanische Unabhängigkeitserklärung, «that all men are created equal», dass alle Menschen *gleich* geschaffen sind, und Robespierre versprach 1792, «auf den Trümmern des Thrones die heilige Gleichheit zu errichten» – wobei das Heilige zugleich das Vieldeutige und oft Missverstandene war. Populär heisst Gleichheit ja: totale Übereinstimmung, Austauschbarkeit – und die gibt es durchaus, bei Büroklammern zum Beispiel oder bei Zahnpastatuben, solange sie fabrikneu sind. Wenn aber alle *Menschen* «gleich» wären, «würde einer im Prinzip genügen», schrieb Stanislaw Jerzy Lec zu Recht.

So kann Jefferson es nicht gemeint haben. Sondern vermutlich hat er Nutzen aus den Abstufungen gezogen, die den Kampfbegriff politisch so nützlich machen. Die

Wörterbuch-Definition bleibt ja weit hinter dem Laienverständnis zurück: «Übereinstimmung in bestimmten Merkmalen», lautet sie, «grosse Ähnlichkeit». Die Gleichheit – eine Ähnlichkeit! Das, in der Tat, kann beim Menschen nicht falsch sein.

Nur dass für die schwammige Grundbedeutung ein besseres Wort zur Verfügung stünde: Wenn mehr als Ähnlichkeit, dann Äquivalenz, «equivalence», Gleichwertigkeit, Gleichrangigkeit, Übereinstimmung in den *wichtigen* Eigenschaften. «Equivalent», das offensichtlich meinte Jefferson. Dass er statt dessen «equal» geschrieben hat, war entweder unbedacht, oder es entsprach dem richtigen Instinkt, dass nur «equal» Sprengkraft besitzt – eben weil die meisten es als die vollständig abgehobele Gleichheit missverstehen.

Auch in der Mathematik wird das Wort so definiert, dass uns «Verwandtschaft» als passender erschiene: Körper heissen «gleich», wenn sie bei verschiedener Form dasselbe Volumen haben, und Dreiecke, wenn sie bei verschiedenen Winkeln die gleiche Fläche bedecken; Dreiecke von gleicher Grösse *und* gleichen Winkeln sind *kongruent*, englisch «perfectly equal» oder «equal in all respects». Das hat Jefferson wohlweislich nicht geschrieben; schon weil es zu deutlich die Sklavenhaltung geohrfeigt hätte, die Amerikas Gründerväter ja unverdrossen beibehielten.

Nun, das ist lange her. Aber in zwei Varianten erweist sich die Gleichheit als politisch virulent. Die eine ist die

Gleichstellung, nämlich der Frauen mit den Männern – korrekt und sogar unmissverständlich benannt, denn aus dem Wort hören wir die Äquivalenz heraus, die Herstellung gleicher Rechte der Geschlechter.

Doch alle Schlagkraft der alten Wortkeule wird in der *Chancengleichheit* lebendig. Die wurde 1969 populär mit dem Myrdal-Report der schwedischen Sozialdemokraten und wird heute definiert als «gleiche Ausbildungs- und Aufstiegsmöglichkeiten für alle, ohne Rücksicht auf Herkunft und soziale Verhältnisse». Gleiche – also bloss ähnliche? Oder solche, die «perfectly equal» sind? Darüber wird gar nicht erst debattiert; vermutlich, weil mehr als eine Annäherung der Bildungschancen nicht erreichbar ist, unsere Politiker es so genau aber lieber nicht sagen wollen.

Heute, im Zeitalter der Gen-Besessenheit, hält ja niemand mehr an der Behauptung von Marxisten und Behavioristen fest, dass der Mensch allein das Produkt seiner Umwelt wäre. Natürlich gibt es Talente, die dem einen angeboren sind und dem anderen nicht, und selbst unter den Umwelteinflüssen kann der liebevolle Umgang gescheiter Eltern mit ihren Kindern diesen einen Startvorteil verschaffen, der sich durch keine staatliche Bildungsmassnahme egalisieren lässt.

Vielen Utopisten und Sozialdemokraten war das immer ein Dorn im Auge. Wenn sie schon an der Erbmasse nichts verändern können – sollten dann nicht wenigstens die Eltern entmachtet werden? Entreisst ihnen die Kinder und erzieht sie in Gemeinschaftshäusern! Das forderte Platon in seiner grässlichen «Politeia», ebenso Tommaso Campanella in seinem widerlichen «Sonnenstaat» von 1602, und durch deutsche Kinderzimmer streicht ein Eishauch, seit der Generalsekretär der SPD im Herbst 2002 für seine Partei «die Lufthoheit über den Kinderbetten» beansprucht hat.

Gleiche Umwelt für alle! Dann kommt uns nur noch das Erbgut in die Quere, schlimm genug. Also: «Die Ungerechtigkeit der Natur korrigieren!» fordern die schwedischen Sozialdemokraten – die Gleichheit der Chancen genügt nicht, für die Gleichheit des Erfolgs müssen wir sorgen! Wenigstens keine Zensuren mehr, kein Sitzenbleiben! Und das Wort «Gleichheit» ist geduldig und gibt sich für jeden Unsinn her.

Indessen wird es von einem anderen modischen Kampfbegriff bedrängt: der *Selbstverwirklichung*. Da die Menschen nicht «perfectly equal», sondern bloss «equal» sind, kann Selbstverwirklichung nur die Ungleichheit auf Erden mehren.

Ein schiefes Ideal

«Selbstverwirklichung»: Das ist immer eine Anmassung, meistens ein Missverständnis und manchmal eine Katastrophe. Wörtlich genommen, wäre sie irgendwo zwischen Luxus, Dynamit und Unsinn anzusiedeln; tröstlich also, dass die Sache nicht so verbreitet ist wie das Wort dafür – ein Götze, den wir vom Sockel stossen sollten.

Sich selbst verwirklicht haben nach ihren eigenen Worten Harald Nägeli mit seinen Spray-Bildern auf Zürichs Häuserwänden, Reinhold Messner auf dem Mount Everest und der Wiener «Aktionist» Otto Muehl, indem er nackte Frauen mit Schweinsgedärm und frisch Erbrochenem zum Kunstwerk verknetete. Von Selbstverwirklichung sprechen neuerdings die jungen Kapitalisten in Shanghai. Einer, der nicht von ihr sprach, aber sie ohne Zweifel bis zum Exzess betrieben hat, hiess Adolf Hitler.

Es gibt also Grund genug, das modische Ideal mit scharfem Skalpell zu sezieren. Das erste, worauf wir dabei stossen, ist die Anmassung. Unsere bäuerlichen Ahnen, lebenslang eingebunden in die Sippe und die Plage, hatten natürlich niemals die geringste Chance, sich ihre individuellen Wünsche zu erfüllen oder gar ihre Talente zu entfalten, und ebenso ergeht es noch heute den armen Teufeln in aller Welt, zwei Dritteln der Menschheit ungefähr. Einen Lebensweg nach eigener Wahl einzuschlagen – das konnte und kann sich nur jene Minderheit leisten, die viel Zeit, viel Geld und dazu genügend Hilfskräfte hat für die niederen Dienste: einst die Sklaven, heute in Amerika deren Nachkommen, in Europas reichen Ländern die Gastarbeiter.

Sklavenhalter waren die Griechen, denen der Lyriker Pindar vor 2500 Jahren sein «Werde, der du bist!» zurief; Seneca war es auch, der Philosoph und Lehrer des Kaisers Nero. Er verkündete: «Glücklich ist der Mensch, der seiner eigenen Natur entsprechend lebt.» Doch da kam zur Anmassung das Missverständnis: In Senecas Behauptung laufen drei Unterstellungen mit, die von der Lebenserfahrung widerlegt werden.

Die erste: Was heisst «eigene Natur»? «Zwei Seelen wohnen, ach ...», das ist doch nicht auf Faust beschränkt. Goethe selbst bezeichnete als seine eigentliche Tat die «Farbenlehre»; auf seine Leistung als Poet bilde er sich gar nichts ein, sprach er zu Eckermann. Gottfried Keller wollte sich zunächst als Maler verwirklichen; Johann Strauss gierte nach der Oper und nannte seine Operetten «gemeine Dudelei»; Wilhelm Busch fand es «peinlich und ekelhaft», dass nicht seine Gemälde ihm den Ruhm eintrugen, sondern seine Bildergeschichten. Und als was hat sich der Rabbi Saulus verwirklicht, der als der Apostel Paulus starb?

Die zweite falsche Unterstellung bei Seneca: Nach der «eigenen Natur» zu leben, finde jedermann erstrebenswert. Mozart neigte zur Faulheit und arbeitete oft nur unter dem Druck seiner Finanznot oder seines Fürstbischofs; Paganini wurde von seinem Vater zum Geigen gezwungen mit Prügeln und mit Essensentzug.

Es ist nämlich anstrengend, nach der eigenen Natur zu leben – jedenfalls wenn es sich um ein Selbst handelt, das die Verwirklichung lohnt. Viele der grossartigsten Menschenwerke sind in schierer Plackerei entstanden. War Michelangelo «glücklich» in den sieben Jahren, in denen er, auf haushohen, farbbekleckerten Gerüsten stehend, sitzend, kniend, liegend, das 19 Meter hohe «Jüngste Gericht» an die Altarwand der Sixtinischen Kapelle pinselte? Oder Van Gogh, als er in den letzten 69 Tagen seines Lebens 82 Gemälde auf die Leinwand schleuderte?

Selbstverwirklichung heisst also gerade nicht: allen Launen nachgehen oder im Schilf mit den Lämmerwölkchen plaudern. Als modische Münze ist sie entweder ein Irrtum oder ein Tarn- und Schmeichelwort für Faulheit, Egozentrik, Nabelschau und den Hass auf alle Pflichten. «Fit for Fun» wollen wir sein, nach dem entlarvenden Titel einer deutschen Zeitschrift; Spass ist unser Lebenszweck.

Über drei Gefahren, die daraus entspringen, wird wenig nachgedacht. Zum ersten: Wieviel Aggression entsteht, wieviel Spass bleibt übrig, wenn hundert Menschen etwas Spass macht, was nur einer haben kann – Olympiasieger werden beispielsweise? Zum zweiten: Selbstverwirklichung von Diktatoren und Kriminellen ist der schrecklichste der Schrecken; ohne ethische Einschränkung also wäre das Modewort nicht nur läppisch, sondern seinerseits kriminell.

Und zum dritten: In Massen befolgt, würde dieses schiefe Ideal jede Volkswirtschaft ruinieren. Was geschähe denn, wenn aus der Summe aller Selbstverwirklichungen eines Landes nicht nur keine Krankenpfleger hervorgingen (wie überwiegend schon heute), sondern auch keine Lehrer oder keine Polizisten? Und vielleicht keine Kinder mehr?

Trost bleibt nicht aus. Wer in einer Bewerbung die «Selbstverwirklichung» als Berufsziel angäbe, hätte auf der Stelle ausgespielt. So viel Freiheit ist für die meisten von uns nicht vorgesehen. «Freiheit», ach ja! Auch so eine Wundertüte. Wir leeren sie gleich.

Ein Wort für alle Gelegenheiten

Was ist «Freiheit»? Den einen ein kostbares Gut; den zweiten eine Last, ja jene Qual, mit der die Wahl sprichwörtlich verbunden ist; wieder anderen ein Ärgernis, weil sie einen konkurrierenden Wert, die Gleichheit, bedroht; und vor den Philosophen reckt sich die Freiheit als ein ungeheures Fragezeichen.

Für Aristoteles hiess «Freiheit» das Vorrecht der griechischen Bürger, sich auf dem Rücken der Sklaven der Musse hinzugeben. Im 16. Jahrhundert war «ein frei Weib» eine Dirne. Rousseau dekretierte: «Der Mensch ist frei geboren und liegt doch überall in Ketten»; Goethe liess seinen Tasso sagen: «Der Mensch ist *nicht* geboren, frei zu sein, und für den Edlen ist kein schöner Glück, als einem Fürsten, den er ehrt, zu dienen.» Für Luther («Von der Freiheit eines Christenmenschen») hiess frei sein «sich williglich zu einem Diener machen». Und Heine reimte: «Der Knecht singt gern ein Freiheitslied des Abends in der Schenke: Das fördert die Verdauungskraft und würzet die Getränke.»

So leicht kann einem das grosse Wort zwischen den Fingern zerrinnen. Da sollten wir festhalten: Die Freiheit, die wir alle meinen, ist die von Zwang und Not, und in den demokratischen Verfassungen benennt sie das königliche Recht auf freie Rede, freie Reise, freie Wahl von Wohnort und Beruf. Dies alles gibt es ja bis heute nicht in China, und nichts dergleichen gab es im Ostblock, bis er unter Gorbatschow zerbrach.

Das Verwirrende ist nur, dass viele Ostdeutsche starke Vorbehalte gegen ihre jungen Freiheitsrechte haben: «Denn Freiheit macht ungleich, und deshalb macht sie Angst»; Joachim Gauck sagte das 1996, der Bundesbeauftragte für die Akten des Staatssicherheitsdienstes der DDR. Die Freiheit kann nur auf Kosten der Gleichheit gedeihen, lehrte der marxistische Philosoph Max Horkheimer, und er hat wohl recht. Wie entschieden sich die Ostdeutschen anno 2002, als man sie vor die Frage stellte, welcher der beiden Werte ihnen im Konfliktfall der wichtigere wäre? 63 Prozent zogen die Gleichheit, nur 27 Prozent die Freiheit vor.

Auch als die DDR noch lebte und die Freiheit von physischer Not im wesentlichen erreicht war, wurde von der Mehrzahl offenbar nur eine Freiheit ernstlich vermisst: die, mal nach Italien reisen zu dürfen statt an den Plattensee. Mit der Gängelung durch Staat und Partei ging ja jene Beständigkeit einher, der so viele Ostdeutsche bis heute nachtrauern: Wer den Mund hielt, der hatte einen sicheren Arbeitsplatz und lebte nicht schlecht. Wer sich gar mit dem System identifizierte, «der hörte die vom Westen erhobenen Bezichtigungen der Unfreiheit mit verächtlichem Staunen» (so der Soziologe Eugen Lemberg 1971).

Wo die Freiheit wächst, schrumpft eben nicht nur die Gleichheit, sondern auch die Geborgenheit. Der Säugling wünscht sich nichts als diese. Die Grossfamilie, wie sie in südlichen Ländern noch heute dominiert, produziert Nestwärme, nicht Selbstbestimmung. Und wie hiess 1968 die verzweifelte Frage in den antiautoritären «Kinderläden»: «Müssen wir heute schon wieder spielen, was wir wollen?»

So aber ist es nicht, dass auch nur der Grossstadt-Single sich in allen Lebenslagen die totale Freiheit wünschte. Mit dem ständigen Zwang, zu wählen, fühlten sich viele Zeitgenossen überfordert, schreibt der polnische Schriftsteller Andrej Szczypiorski; mancher hätte gewiss lieber zwei Fernsehprogramme als hundert. Und der spanische Philosoph Ortega y Gasset fragte: Wer will schon jeden Morgen frisch entscheiden müssen, woraus man sich ein Frühstück machen kann?

Man muss kein Philosoph sein, um da ins Grübeln zu kommen. Die Theologen plagt schon seit dem Kirchenvater Augustinus die Frage: Wieviel Entscheidungsfreiheit kann der Mensch besitzen, wenn er doch der Erbsünde und der Allmacht Gottes unterworfen ist? Muss man ihm aber anderseits nicht Freiheit zubilligen, weil sonst die ethische Grundlage für die Höllenstrafen brüchig würde – und die für die Zuchthausstrafen erst recht? Die Strafrechtstheoretiker *fordern* daher «Willensfreiheit» und halten sich ungern bei der Frage auf, ob es sie geben kann. Der berühmte Niklas Luhmann schrieb 1994 dazu den eisigen Satz: «Wenn die Welt so ist, wie sie ist – wie kommt man dann dazu, *Freiheit* zu sehen?»

Das Gefühl der Freiheit, ja, das gibt es – am stärksten bei Menschen, die einer Diktatur oder einem Gefängnis entronnen sind; am schwächsten also leider bei den Bürgern jener glücklichen Länder, in denen die Freiheitsrechte nie bedroht waren. Da ruft dann einer, wie Daniel Cohn-Bendit es 1968 tat: «Freiheit ist für uns, ins Auto zu springen und morgen in Italien zu sein.» Diese Freiheit heisst Beliebigkeit und würde sich rasch mit dem Chaos verbrüdern.

Was also ist das, Freiheit? Juristisch definiert ein schönes Anrecht – sonst ein Wortfetisch im Mund von Sonntagsrednern. Für die gilt, was Georg Christoph Lichtenberg «bloss der Unstudierten wegen» anmerkte: Begriffe würden oft verpackt wie Waren, und «wenn alles in der Kiste ist, was eigentlich hineingehört, und es schlottert noch, so steckt man etwas anderes dazu.» Das Schlottern soll nun der «Lebensqualität» zugute kommen.

Von der Lust, das Unmessbare zu messen

Da glaubte man nun, das Schlagwort der 1970er Jahre von der «Lebensqualität» sei sanft entschlafen (und nachtrauern müsse man ihm nicht) – schon reckt es das Köpfchen und hebt Zürich an die Spitze aller Städte der Welt, vor Genf, Wien und Vancouver in Kanada. Wie schön! Nur bedingt zwar für die Zürcher, denn die wurden nicht gefragt; es waren in Zürich ansässige ausländische Manager und Diplomaten, die ihre Zufriedenheit mit der örtlichen Lebensqualität bekundeten. *Wen* man fragt, *was* man fragt und *wie* man misst: Darauf kommt eben alles an.

Hätte man sich zum Beispiel um 1900 bei holländischen Kolonialoffizieren in Niederländisch-Indien erkundigt: Sie hätten geschwärmt von ihrer Lebensqualität. Oder bei englischen Lords mit ihren drei Schlössern, 30 edlen Pferden und 300 billigen, willigen Lakaien! Eine Gruppe kann man immer fragen, eine privilegierte zumal. Der Unfug beginnt erst dort, wo man aus *allen* Bewohnern eines Landes den Durchschnitt ziehen und dann die Völker der Welt miteinander vergleichen will.

Denn wonach fragt man die Leute? Zuerst nach ihrer Zufriedenheit im Beruf, in der Freizeit und mit dem Leben überhaupt. Doch da tut sich schon der erste Abgrund auf: US-Bürger sind glücklicher als Deutsche, haben sie in vielen Umfragen kundgetan. Nur dass sich darin vermutlich weniger ein Lebensgefühl äussert als vielmehr ein sozialer Druck: Ein Amerikaner hat glücklich zu sein, ein Deutscher muss seinen Weltschmerz pflegen.

Das Fragen also bringt die Statistiker nicht weiter; deshalb messen sie lieber. Da haben sich seit 1961 etliche UNO-Organisationen und Dutzende von sozialwissenschaftlichen Instituten eine Liste von sogenannten Sozial-Indikatoren ausgedacht, mal 30, mal 500: für die wohlsituierten Ausländer in Zürich beispielsweise die politische Stabilität, die öffentliche Sicherheit, das wirtschaftliche Umfeld, die Finanzdienstleistungen, die Restaurants. Wie hoch die Mieten und wie teuer die Lebensmittel sind, spielt da in der Tat kaum eine Rolle.

Nehmen die Statistiker wohlgemut ganze Staaten ins Visier, dann machen sie es so: Positiv bewerten sie die Zahl der Badezimmer, der Studenten, der Waschmaschinen, der Altersheime, der Krankenhausbetten, ja der Hallenbäder auf 1000 Einwohner, auch die Länge des Jahresurlaubs und die anteilige Fläche an Grünanlagen. Davon abgezogen wird die Anzahl der Morde, der Selbstmorde, der Analphabeten, die Scheidungsrate und die Säuglingssterblichkeit – mit dem Ergebnis, dass mal Kanada, mal Holland oder Schweden aufs Podest gehoben wurden.

Gut, gut, nur: Wie gewichtet man die Studenten im Verhältnis zu den Waschmaschinen und die Grünanlagen zu den Kapitalverbrechen? Und welchen Wert haben jene Indikatoren, die einander ohrfeigen – wie die schöne Zahl vieler Autos und die traurige Zahl vieler Verkehrstoter? Und sprechen viele Altersheime eigentlich für hohe Kultur – oder für den Zerfall der Familie, die für die Alten nicht mehr sorgen will? Und sind viele Kinderhorte ein Signal für Kinderfreundlichkeit – oder dafür, dass viele Eltern keine Zeit oder keine Lust mehr haben, sich um ihre Kinder zu kümmern? Und je billiger ich einkaufen kann – habe ich nicht desto mehr Lieferanten zu brutaler Rationalisierung gezwungen und desto mehr Hühner in die Massenkäfige? Überhaupt die Tiere: Warum ist bei der Debatte über die Qualität des Lebens von ihnen kaum je die Rede? Leben sie nicht?

Es ist eben meistens so, dass die Lebensqualität der einen auf Kosten der anderen geht, und das nicht nur bei Dienstboten und Masthähnchen. Eine Krankenschwester stiftet um so mehr Segen, je weniger sie von ihren privaten Ansprüchen auf Freizeit und Selbstbestimmung Gebrauch macht. Wenn ich nachts um 3 Uhr einen Handwerker finde, der mir unverzüglich einen Wasserrohrbruch repariert, so wird seine Lebensqualität um ebenso viel gesunken sein, wie die meine steigt. «Die Leistung des einen ist die Lebensqualität des andern», sagte 1973 Erhard Eppler, langjähriger Vordenker der deutschen Sozialdemokraten, in selbstquälerischer Ehrlichkeit – denn es war seine SPD, die aus dem Schlagwort einen Wahlkampf-Slogan gemacht hatte. Chancengleichheit verstand sie darunter, Arbeitszeitverkürzung und die Erhaltung der natürlichen Lebensgrundlagen; Wirtschaftswachstum sei nicht alles. Woraufhin die CSU die Lebensqualität als «ein Tarnwort für Sozialismus» attackierte.

Politisch könnte man sich vielleicht darauf einigen, dass es für alle Menschen ein paar schlechthin erstrebenswerte Dinge gibt: Freiheit von Not, Freiheit von Unterdrückung, genug sauberes Wasser, gute Luft – diese freilich unbedingt verschlechtert durch Auto- und Industrie-Abgase, denn Autos sind schliesslich ein positiver Sozial-Indikator, und auch Waschmaschinen wollen zunächst einmal produziert sein. Aber nimmermüde wird gemessen; obwohl die Lust daran offensichtlich grösser ist als die Eignung der irdischen Verhältnisse, sich messen zu lassen.

Nicht einmal der schlichte Begriff «Gesundheit» bietet ja ein brauchbares Indiz für Lebensqualität: Denn wer definiert sie – jeder selbst vielleicht? Um Gotteswillen! rufen unsere emsigen Ärzte und die Medizinalindustrie. So ist Gesundheit das nächste grosse Wort, das einer Autopsie unterzogen werden soll.

Wer wagt es, sich «gesund» zu nennen?

«Gesundheit» – wie bitte? Was das ist, weiss doch längst keiner mehr; am ehesten noch ist es ein Zuruf beim Niesen. Das Durcheinander begann 1948 mit der Definition in der Charta der Weltgesundheitsorganisation: «Gesundheit ist der Zustand vollen körperlichen, geistigen und sozialen Wohlbefindens.» Womit die UNO-Tochter einerseits unsinnig weit gegangen war und andererseits längst nicht weit genug.

«Soziales Wohlbefinden» als Grundrecht! Wer soll das messen, wer darüber richten? Wann fühlt ein durchschnittlicher Mitteleuropäer sich sozial «wohl»? Wenn sein Lebensstil dem seiner Freunde gleichkommt? Oder nur dann, wenn er sich ein Auto leisten kann, das für den Nachbarn unerschwinglich wäre? Und wie verhält sich das soziale Wohlbefinden, das in fröhlicher Runde beim zehnten Bier entstehen mag, zum körperlichen Unwohlbefinden am Morgen danach? Hier hat die UNO erhabenen Unfug produziert.

Nur vernünftig also, dass für den Grossen Duden von 1999 bloss noch das körperliche und geistige Wohlbefinden zählt, das seelische dazu; das soziale ist getilgt.

Doch bleibt der Duden dem Begriff «Wohlbefinden» treu. Als ob es *darauf* ankäme! Kann einer, der sich wohlfühlt, nicht längst von unentdeckten Krankheiten zerfressen sein? Früherkennung! Vorsorge! Prävention! Die Gesundheitsbehörden predigen das, die Ärzte lieben es, und der populäre Fernseh-Entertainer Harald Schmidt hat in grossen Zeitungen gross inseriert: «Alle zwei Jahre sage ich Ja zur Darmspiegelung. Man gönnt sich ja sonst nichts.»

Den fundamentalen Unterschied zwischen Sichwohlbefinden und Gesundsein hat Thomas Mann schon im «Zauberberg» herausgestellt: Da wird einer Patientin die Lehre erteilt, sie könne nur sagen, wie sie sich *fühle*; wie es ihr *gehe*, das beurteile einzig und allein der Arzt. Das war 1924 – doch dann dauerte es noch 60, 70 Jahre, bis diese Sichtweise im Abendland zur Richtschnur, ja zur Mode geworden war.

Es kam so viel zusammen: zum Röntgenbild die Ultraschall-Untersuchung und die Computer-Tomografie – sollte man sich da *nicht* beizeiten in die Innereien blicken lassen? Und so viele Ärzte, die schliesslich auch leben wollen! Und die viele Freizeit, die doch eine Zeit sein kann, in sich hineinzulauschen! Und die Bereitschaft des Staates oder der Versicherungen, die Diagnose «Krankheit» mit Geld aufzuwiegen, ja selbst solchen Bürgern die Behandlungsbedürftigkeit zu attestieren, die sich von ihrem Wohlbefinden hatten irreführen lassen.

Wie kann es da noch «Gesunde» geben? Es gibt nur Patienten: solche, die schon leiden; solche, die bereits heute wissen, woran sie morgen leiden werden; und schliesslich die, die sich der Illusion hingeben, gesund zu sein – bloss weil noch kein inquirierender Arzt sie ihrem Wahn entrissen hat.

Dabei wäre es völlig gegen den Geist der Zeit, sich auf die Krankheiten des Leibes zu beschränken. Die Seele, die Seele! Psychosen, Neurosen, Depressionen! Und diese Kopfschmerzen, der verdächtige Waschzwang, die ganze Müdigkeit! Längst sind solche «mentalen Ursachen» als Versicherungsfälle anerkannt; mit ihrem Anteil von 39 Prozent an der bescheinigten Erwerbsunfähigkeit hält die Schweiz den Weltrekord, schrieb die *Weltwoche*.

Dass sich in die arbeitsunfähig Geschriebenen viele Hypochonder mischen, bestreitet niemand – Menschen darunter, die den Arzt so oft wechseln, bis ihnen einer schliesslich die Krankheit bestätigt, an der sie von jeher zu leiden glauben. «Doctor hopping» nennt man das in Amerika. Haben Hypochonder ein wirkliches Leiden? Ja, die Angst. Aber dazu oft den «Krankheitsgewinn», wie Sigmund Freud ihn nannte: im Beruf die Tarnung eigener Unzulänglichkeit, in der Familie das Mittel, «die anderen zu Opfern und Liebesbeweisen zu zwingen».

Wie schrieb Georg Büchner über den Dichter Lenz? «Eine geheime Hoffnung auf eine Krankheit besserte seine Stimmung.» Franz Kafka weihte seine Brieffreundin Milena in seine Lebenstechnik ein: «... sich in einen Garten legen und aus der Krankheit, besonders wenn es keine eigentliche ist, so viel Süssigkeit ziehen als nur möglich. Es ist viel Süssigkeit darin.» Die ausserordentliche Leistung, ob beim Präsidenten oder beim Genie, entspringt eben selten oder nie dem Wohlbefinden, sondern gerade der Krankheit, den unbewältigten seelischen Konflikten, der Qual. «Ich begreife gar nicht, wie ein glücklicher Mensch auf den Gedanken kommen soll, Kunst zu machen», schrieb Richard Wagner.

Vielleicht darf man in einer Zeit, in der es mehr und mehr zum guten Ton gehört, sich in den Gedärmen herumschnüffeln zu lassen, den Missionaren der chemisch reinen Gesundheit ein paar Wahrheiten entgegenhalten: Erstens, niemand sollte sich dafür rechtfertigen müssen, wenn er sich weigert, sich die Prognose aller künftigen Scheusslichkeiten zum täglichen Begleiter zu nehmen. Es ist eine unsägliche, eine schamlose Minderung unseres bescheidenen Lebensglücks, dass wir uns im Zustand vollen körperlichen Wohlbefindens – im Alter selten genug – vorsorglich mit der Frage quälen sollen: Ob da nicht längst ein Tumor mir heimlich an den Dickdarmwänden nagt? Glaube doch keiner, er habe das Recht, sich für gesund zu halten, bloss weil es ihm gutgeht!

Die totale Gesundheit, zum zweiten, ist nicht nur ein unerreichbares, sondern auch ein hemmungslos egozentrisches Ideal. Für Kinder sorgen, sich um Enkel kümmern, Bäume pflanzen, Bücher schreiben, die Welt entdecken, ein bisschen von dem vielen Leid auf Erden lindern, vielleicht sogar (ganz altomodisch) ans Heil der Seele denken – wie unwichtig ist das alles, verglichen mit meinem kostbaren Körper, meinen Leberwerten, den «makrobiologischen Überlebensmitteln» aus dem Bio-Laden!

Wen aber sollen wir dann «gesund» nennen dürfen? Jeden, der das leisten und geniessen kann, was er leisten und geniessen möchte – mit ein paar Schmerzen oder idealerweise ohne diese. Unserem Drang, uns auf Krankenschein das ewige Leben zu sichern, wird ohnehin kein Erfolg beschieden sein.

Wie Alfred Kinsey über Moses siegte

Was heisst «normal»? «Normal ist zum Beispiel der Weltkrieg», schrieb Franz Kafka 1917 an seine Schwester; woraus er folgerte: Manchmal sei das Unnormale eben vorzuziehen. Da hatte Kafka dem Wort schon den Sinn gegeben, der heute dominiert – noch immer aber im Widerstreit mit einer ganz anderen Bedeutung: Normal hiess einst (und heisst noch heute oft) gerade nicht das Gewohnte, sondern das, was der Norm entspricht, und die ist ein Richtmass, eine Vorschrift, ein Gebot; ein Sittengesetz zum Zweck des Kampfes gegen herrschende Unsitten. Nicht das Übliche zu benennen – das Richtige zu erzwingen hielten Priester, Häuptlinge, Könige für ihre Pflicht: Du sollst nicht stehlen! Du sollst nicht töten! Du sollst nicht ehebrechen!

Wer sich dem widersetzte, dem drohten schlimme Strafen, im Strafgesetzbuch drohen sie zum Teil heute noch. Schrecklich aber ist zu lesen, wie einst Moses sein Volk einmauerte mit Entsetzen, um es der Norm Gottes gefügig zu machen: Wer ihr nicht folge, sprach Moses, den werde der Herr mit Feigwarzen und Krätze schlagen, mit Wahnsinn, Blindheit und allen Seuchen Ägyptens;

das Fleisch seiner Kinder werde er fressen vor Hunger, und Israel würde ein Scheusal sein unter den Völkern – ein Horrorgemälde in 53 Versen (5. Mose 28).

Solcher Aufwand war offensichtlich nötig, wenn die sittliche, die fordernde, die absolute Norm sich durchsetzen sollte. Statt dessen, umgekehrt, die regierenden Gewohnheiten als Mass des «Normalen» anzusehen, ist, je nach Standort, eine Errungenschaft oder eine Verfallserscheinung des 20. Jahrhunderts. 1948 und 1968 schliesslich wurde das alte «Das sollst du tun» überrollt von dem neuen «Das tun die meisten, also darfst du's auch».

1948 nämlich publizierte der amerikanische Zoologe Alfred Kinsey sein Buch über das durchschnittliche Geschlechtsverhalten des Mannes, erforscht in 20 000 Befragungen, die zum Schutz gegen schamhafte Vertuschung ebenso wie gegen Sexualprotzerei mit raffinierten Fussangeln versehen waren. Ein typisches Ergebnis: Mehr als die Hälfte der amerikanischen Männer begehe Ehebruch.

Kaum aber sah Kinsey sein Zahlenwerk in einen Bestseller verwandelt, da war es falsch. Es trat da der merkwürdige Effekt ein, den der österreichische Psychiater Viktor Frankl so beschrieben hat: «Fragt ein Patient nach der Höhe seines Blutdrucks und wir sagen ihm ‹160›, dann haben wir ihm schon längst nicht mehr die Wahrheit gesagt; denn der Patient regt sich darüber auf und hat sogleich einen Blutdruck über 180.» Das plötzliche Wissen über einen Sachverhalt verändert ihn.

So kann es unter den Männern, die nun zum erstenmal erfuhren, dass das Verbotene zugleich das Mehrheitsverhalten war, nur zu einer laxeren Einstellung gegenüber dem Ehebruch gekommen sein, mit der Folge, dass Kinsey seine Zahlen schon alsbald hätte nach oben korrigieren müssen. Die statistische, die soziale Norm, die sich als blosse Bestandsaufnahme missversteht, kann sich nicht davor schützen, von denen, die sie kennenlernen, als moralische Norm missbraucht zu werden – nach irgendwas wollen die Leute sich ja richten.

Was Kinsey für das amerikanische Sexualverhalten war, das ist für die Menschen deutscher Muttersprache die Duden-Redaktion. Im Sog der Bilderstürmerei von 1968 verabschiedete sich der Duden in seinen Neuauflagen von 1971 und 1976 erst von der stilistischen Norm («Was ist *gutes* Deutsch?») und dann auch von der grammatischen («Was ist *korrektes* Deutsch?»). Er schrieb nicht mehr vor, was richtig sei, sondern er ermittelte, was üblich war – gemessen beispielsweise an Heinrich Böll, Johannes Mario Simmel und der *Bildzeitung*. Die Deutsche Presseagentur folgerte daraus schon 1985, auf den Duden dürfe man sich nicht mehr verlassen: Wenn sie selber einen Fehler oft genug gemacht habe, werde er vom Duden durch kommentarlosen Abdruck sanktioniert.

Der Masse der Duden-Benutzer ist so viel Misstrauen fremd – und so suchen sie die Sprachnorm, die das tonangebende Wörterbuch ihnen vorenthalten will, in seiner wertfreien Registratur, Unfug inklusive. Hochgemut trägt der Duden auf diese Weise bei zum Verfall der Sprachkultur. 1986 begann er zurückzukrebsen («Richtiges Schreiben ist wieder gefragt!» log er, denn gefragt war es immer); der Mut zur klaren Norm hat den Duden verlassen.

Da loben wir uns die wenigen Fälle, in denen eine gesetzte Norm es geschafft hat, sich zugleich die Position der statistischen Norm zu erobern – offenbar, weil sie realistisch war. Ein ermutigendes Beispiel dafür liefert der Deutsche Normenausschuss, der seit mehr als 80 Jahren Papierformate («DIN A4»), Schrauben, Ersatzteile, Masse, Begriffe aus Technik, Wirtschaft und Wissenschaft normiert, und niemand handelt dem zuwider. Und was uns kaum noch glaublich scheint: Erst vor gut 100 Jahren hat sich Mitteleuropa auf eine gemeinsame Uhrzeit geeinigt, unter dem Druck der Eisenbahn; die hatte noch 1890 in Preussen andere Zeiten in ihr Kursbuch drucken müssen als in Bayern.

Ja, es gibt Fortschritte auf Erden. Selten genug – und was alles «Fortschritt» geheissen hat und heissen soll, das ist fast zum Weinen. Die Tränen aber erst auf der nächsten Seite.

Preisrätsel für Fortgeschrittene

Der Fortschritt – wohin führt uns der eigentlich? Fort von hier? Irgendwohin? «Fort musst du, deine Uhr ist abgelaufen!» ruft Tell dem Vogt entgegen. Auch in der Fortsetzung oder der Fortbewegung bedeutet die erste Silbe nur «weiter» oder «weg von hier», und der Wurmfortsatz am Blinddarm macht sie nicht edler.

Wann und warum kam es dazu, dass der Fortschritt ausgerechnet und ausschliesslich einen Schritt voran oder nach oben bezeichnen soll, einer besseren Zukunft entgegen? Es war vermutlich Kant, der dem «Fort» die Weihe gab, indem er die Aufgabe der Menschheit «im Fortschreiten zur sittlichen Vollkommenheit» sah. Da hatte er das Fortschreiten positiv besetzt und damit der Technik-Begeisterung des 19. Jahrhunderts das Schlagwort geliefert: Der Triumphzug der Dampfmaschine liess sich so beschreiben und ebenso die sozialistische Vision einer idealen Gesellschaft. Naturgesetzlich entwickle sich die Geschichte! predigte Karl Marx, hin zum Paradies der schöpferischen Arbeit und des Überflusses für alle.

Über dreierlei wurde dabei wenig nachgedacht. Zum Beispiel darüber, dass im Reich der Künste von Fortschritt nie die Rede sein kann. Wie schrieb Stendhal 1822? «Trotz der Vervollkommnung aller Dinge besass Homer vor 2700 Jahren mehr Talent als heute Lord Byron.»

Oder darüber, dass im Reich der Moral der Fortschritt mitunter merkwürdige Gesichter zeigt. Als Fortschritt mindestens gedacht war ja einst die *Folter*: Nicht mehr mit der Willkür der Mächtigen sollte ein Angeklagter bestraft werden können, sondern nur noch, wenn er ein Geständnis abgelegt hatte, wie im Inquisitionsprozess gefordert. «War der Geist böswillig, so blieb nichts übrig, als sich an den Körper zu halten», lässt Thomas Mann den Jesuiten Naphta dazu sagen; «die Folter, als Mittel, das unentbehrliche Geständnis herbeizuführen, war vernunftgeboten.»

Auch die *Korruption* ist schon als Fortschritt, ja als Anfang aller Moral gewürdigt worden. Wenn ich in meinen Pass 100 Dollar lege, um einen Grenzbeamten zu bestechen, und er lässt mich dann ins Land: Dann hat er ein Vertragsverhältnis anerkannt; er hat den Urzustand überwunden, dass er das Geld hätte nehmen und mich trotzdem hätte abweisen können.

Selten bedacht wird schliesslich, dass es auch Rückschritt geben kann, sogar anderthalb tausend Jahre lang wie nach dem Zerfall des Römischen Imperiums. Erst die Eisenbahn schaffte das, was der Postkutsche nie gelungen war: das Tempo römischer Kurierwagen wieder zu erreichen.

Die Pfeiler, auf denen die Fortschrittgläubigkeit des 19. Jahrhunderts ruhte, stürzten im 20. einer nach dem anderen ein. 1912 versank das bis dahin gewaltigste Produkt der Technik, die «Titanic», kläglich auf ihrer Jungfernfahrt. Der Erste Weltkrieg belehrte das Abendland, dass der steinzeitliche Vernichtungswille nicht ausgestorben war. Und dann der Rückfall Hitler-Deutschlands in die Barbarei, seit 1972 die Schreckens-Szenarien des Club of Rome, 1986 die Atomkatastrophe von Tschernobyl; und in der Ära Gorbatschow zerstob das kommunistische Versprechen einer schönen neuen Welt. Der Gang der Weltgeschichte ist eben nicht vorgezeichnet, schon gar nicht von Karl Marx.

Dass es auf ein paar Feldern nachhaltig aufwärts gegangen ist, sollten wir darüber nicht vergessen. Kinder müssen keine Fabrikarbeit mehr leisten, jedenfalls nicht im Abendland. Dort braucht auch kaum einer noch zu hungern oder zu frieren. Und beim Zahnarzt ergeht es uns nicht mehr so, wie J. K. Huysmans es 1884 in seinem Roman «A Rebours» schrecklich beschrieben hat:

«Funken sprühten vor seinen Augen, er strampelte mit den Füssen und brüllte wie ein Tier, das man tötet. Dann hörte er ein Krachen, der Zahn war abgebrochen, ihm schien es, als würde ihm der Schädel zerschmettert. Er heulte und wehrte sich wütend gegen den Mann, der sich von neuem auf ihn stürzte, den Körper, der am Kiefer hing, anhob und ihn dann in den Sessel zurückstiess, während er am Ende seiner Zange einen blauen Zahn schwenkte, an dem etwas Rotes baumelte. Des Esseintes spie Blut in eine Schüssel und entfloh, nicht ohne blutigen Auswurf auf die Stufen zu speien.»

Ein Schritt voran, gewiss. Irgendwann aber stossen wir immer wieder auf die Einsicht Nestroys, die als Motto über Wittgensteins «Philosophischen Untersuchungen» steht: «Überhaupt hat der Fortschritt das an sich, dass er viel grösser ausschaut, als er wirklich ist.» Sollen wir an Fortschritt glauben, wenn wir Wälder in Zellulose verwandeln oder einen hübschen Wiesengrund in eine Stadtrandsiedlung? Wenn die Mount-Everest-Besteiger noch auf dem Gipfelgrat über Plastikflaschen stolpern? Wenn wir mit der Kraft von 200 Pferden einen Weg zurücklegen, für den zwei Menschenbeine oft völlig genügen würden?

Wer heute noch von Fortschritt spricht, findet vermutlich bloss das Neue besser als das Alte, einfach, weil es das Neue ist. Es könnte auch mal wieder abwärts gehen mit uns allen, vielleicht 1000 Jahre lang. Bis dahin mag uns die Einsicht in das Wesen etlicher Wort-Idole trösten: Keiner weiss genau, was sie bedeuten, viele sprechen sie gleichwohl leuchtenden Auges aus, anderen bedeuten sie gar nichts. Doch unser Zusammenleben funktioniert recht und schlecht, wenn es uns wieder einmal gelungen ist, uns auf zwei hübsche Silben zu einigen.

Reich, arm und verwaist dazu

Also wirklich: Wenigstens ein so trauriges und klares Wort wie «Armut» sollte ausgenommen bleiben von jener Begriffszertrümmerung, die hier sonst mit Lust betrieben wird. Einverstanden – soweit «Armut» Hunger, Elend, Erbärmlichkeit bedeutet. Aber schon wenn wir die behördlich definierte Armut anleuchten oder gar die subjektiv empfundene, ist alle Klarheit dahin. Obendrein begegnet uns die *öffentliche* Armut in vielen reichen Ländern (verwahrloste deutsche Schulen, die verschmutzte U-Bahn von New York); und jene Armut, die den Reichen willkommen ist (aus zwei eher peinlichen Gründen); die seelische Armut auch noch, und von der kommt das Wort eigentlich her; schliesslich jene «geistliche» Armut, die nach Matthäus 5,3 das Tor zur Seligkeit aufstösst.

Die Armut im Sinne nackter Not hat 1997 die Weltbank so definiert: Arm ist, wer pro Tag weniger als einen Dollar zum Leben hat, und das sind mindestens eine Milliarde Menschen, zumal in Afrika. Der Betrag klingt noch erschreckender, wenn wir ihn zu den Subventionen in Beziehung setzen, die die EU jeder Kuh gewährt:

800 Euro pro Jahr und Euter, also mehr als zwei Dollar pro Tag.

Wenn in einer Studie von 1997 fünf bis zehn Prozent der Schweizer als arm eingestuft worden sind, muss dem ein anderer Massstab zugrunde liegen. Der englische Ethnologe Nigel Barley sagt es so: «Die heutigen Armen verfügen zwar über Waschmaschine und Zentralheizung, haben aber trotzdem noch eine ganze Reihe von Herzenswünschen offen, die von Sozialarbeitern zu ‹Bedürfnissen› erklärt werden.»

Mit einem polemischen Schlenker wird da auf eine politische Grundsatzentscheidung angespielt, die die meisten wohlhabenden Länder getroffen haben: Armut heisst nicht nur physische Not – als arm gilt auch der, der aus dem Lebensstil seiner Umgebung ausgegrenzt bleibt. Ein Schulkind, das zu Hause nicht fernsehen und in der Schule keine der regierenden Kleidermoden mitmachen kann, wird gehänselt und ist «sozial stigmatisiert». Schon richtig. Aber wo ist die Grenze, und wer soll sie ziehen?

In den USA haben die Behörden für jeweils ein paar Jahre einen absoluten Betrag festgesetzt: 2005 war eine vierköpfige Familie dann «arm», wenn sie weniger als 19 000 Dollar im Jahr zur Verfügung hat; das sind knapp 13 Dollar pro Kopf und Tag, das Dreizehnfache dessen also, was die Weltbank als Minimum fordert.

Die Europäische Union hat dieser Grenze 1981 eine Eigendynamik verliehen, menschenfreundlich, aber mit kuriosen Folgen: Der noch heute gültigen Richtlinie zufolge ist der arm, der weniger als halb so viel verdient, wie es dem Durchschnitt in seinem Land entspricht. Damit wird nun ein merkwürdiger Automatismus in Gang gesetzt: Indem die reicher Werdenden den Durchschnitt heben, ziehen sie die amtlich definierte Armut mit nach oben; sie wird unausrottbar. Die «Armut» gerät so in die Mühle einer Begriffsverwirrung, die dem tätigen Mitleid mit den Hungerleidern der Dritten Welt nicht dienlich sein kann.

Das Abendland tut ja was für sie: Immer mal wieder Entwicklungshilfe, und internationale Grossproduzenten wie Ikea oder Nike verhelfen ihren billigen Arbeitskräften in Asien wirklich zu höheren Löhnen. Das wiederum ist einer der beiden etwas peinlichen Gründe, warum die Reicheren letztlich nicht wollen, dass es den Ärmeren allzu gut geht: Verschaffen die ihnen nicht billigere Produkte, womit sie die Kaufkraft des eigenen Geldes erhöhen? Und was macht der kalifornische Millionär ohne seine mexikanischen Gärtner? Was Europas Luxus-Gastronomie, was die Kreuzfahrt-Industrie ohne die billigeren, willigeren Inder, Filipinos und Chinesen?

Der andere ungern diskutierte Grund für die verbreitete Zufriedenheit mit dem herrschenden Sozialgefälle liegt in einer psychologischen Ur-Tatsache: Als reich empfindet sich ja nur, wer Ärmere in Sichtweite hat. Die Cornell-Universität im Staat New York hat dazu vor kurzem ein enthüllendes Experiment gemacht: Würden die Testpersonen lieber 100 000 Dollar verdienen, wenn alle ihre Mitbürger 80 000 bekämen – oder 150 000 Dollar, also 50 000 mehr, wenn die anderen es auf 200 000 brächten? Die Mehrzahl entschied sich für den ersten Weg: Lieber verzichteten sie auf 50 000 Dollar, als unter Reicheren der Ärmere zu sein.

Wenn wir nun hören, dass in Kalifornien eine Klinik für depressive Millionäre regen Zulauf findet, so sind wir beim Ursprung des Wortes angelangt: «Arm» heisst dem Wortstamm nach verwaist, alleingelassen, Mitleid heischend: «Was hat man dir, du armes Kind, getan?» An Mignon richtet der Harfner diese Frage, und das nicht, weil das Mädchen materielle Not gelitten hätte, sondern weil es unter Seiltänzern elternlos aufgewachsen war. Millionen Reiche auf Erden sind arm dran, wenn sie alt geworden und oft vereinsamt sind; ein Schicksal, das im Abendland eine tragische Zuwachsrate hat. Ist die Armut – in ihrer doppelten Bedeutung als körperliche und als seelische Not – am Ende eine konstante Grösse auf Erden? Nimmt die andere zu, wenn die eine sinkt? «Da steh ich nun, ich armer Tor», spricht Faust, und Geldmangel hat Goethe ihm gar nicht nachgesagt.

*Ein Raumschiff mit
sechs Milliarden Passagieren*

Nicht das schon wieder – «Globalisierung»! Wir hören es bis zum Überdruss: dass sie Volkswirtschaften im Dutzend durcheinanderwirbelt, mit McDonalds-Filialen auf Tahiti prunkt und Millionen Arbeitsplätze überflüssig macht; ein Kultwort ist sie geworden, und Kultwörter sind die Grossmeister im Verwirren der Begriffe. Schauen wir uns also die Geschichte des Wortes an, vor allem aber die der Sache: Sie ist 500 Jahre älter als das Wort und ziemlich schlecht in ihm aufgehoben.

Am Wort hat Schiller schuld – mit seinem Einfall nämlich, *globus* (lateinisch: Kugel, Ball, auch Klumpen) nicht nur, wie vorher üblich, auf ein kugelförmiges Pappmodell der Erde anzuwenden, sondern auf die Erde selbst. Das war die Basis, aus der erst vor etwa 15 Jahren die «Globalisierung» hervorschoss, wörtlich also das Zur-Kugel-Machen – nicht besonders schlau, doch langsam mit der Bedeutung angefüllt: von Einfluss auf die ganze Erde, sie beherrschend durch vernetzte Geld- und Warenströme, durch den Siegeszug vorwiegend amerikanischer Moden und Produkte; und dem können wir, schrieb die *Süddeutsche Zeitung*, so wenig ausweichen wie dem Finanzamt und dem Tod.

Ehe die Global Players – die Grosskonzerne vor allem und vielleicht 100 Milliardäre – von der Weltwirtschaft Besitz ergreifen konnten, musste die Besitzergreifung der Erde durch den Menschen stattgefunden haben, und von der ist dabei erstaunlicherweise fast nie die Rede. Der Mensch ist ja das einzige Säugetier, das sich auf Grönland ebenso wohnlich wie in der Sahara eingerichtet hat, in Tibet und auf der Osterinsel. Als letztes grösseres Stück Land wurde im 14. Jahrhundert Neuseeland besiedelt. Damit war der Auftrag der Bibel ausgeführt: «Füllet die Erde und machet sie euch untertan» – die erste Phase der Globalisierung also abgeschlossen. Doch die Menschen hatten keine Vorstellung von anderen Völkern oder gar davon, von welcher Art die Erde war.

Kurios genug, dass sich dies schon gut 100 Jahre nach der Einbeziehung Neuseelands in die Menschenwelt dramatisch zu ändern begann, auf den Tag genau lässt sich das bestimmen: Am 7. Juni 1494 leisteten sich Spanien und Portugal die ungeheuerliche Anmassung, die Erde, die ganze, zwischen sich aufzuteilen; unterschrieben unter Aufsicht von Papst Alexander VI. im Kloster des spanischen Städtchens Tordesillas. Zwei Jahre zuvor war ja Kolumbus für Spanien in Amerika gelandet (auch wenn noch niemand wusste, wozu diese scheinbar herrenlose Landmasse gut sein sollte), und portugiesische Karavellen hatten 1487 die Südspitze Afrikas umsegelt und schickten sich an, alle Küsten des Indischen Ozeans in Besitz zu nehmen. Das Kolonialzeitalter war eröffnet, der Globus als Einheit erkannt und zur Ausbeutung durch Europa freigegeben. 1522 vollendete ein Schiff des Magallanes im Hafen von Sevilla die erste Umrundung der Erde, nach mehr als drei Jahren – damals, als die Globalisierung noch eine persönliche Leistung und eine Strapaze war.

Eine meist unterschätzte Zäsur in der Geschichte der Verfügungsgewalt des Menschen über seine Erde fand 1953 statt: Nein, nicht gerade im Auftrag von Coca Cola wurde da der Mount Everest zum erstenmal bestiegen, aber doch mit dem Effekt, dass es seitdem auf Erden keinen Punkt mehr gibt, den Coca Cola nicht erreichen kann. 1961 dann ein seltsames Zusammentreffen: Juri Gagarin umkreiste als erster Mensch die Erde im Weltraum, in 90 Minuten. Und auf Neuguinea geschah es im selben Jahr zum letzten Mal, dass abendländische Forscher auf ein bis dahin unbekanntes Volk von Steinzeitmenschen stiessen. Seitdem existiert keine grössere Menschengruppe mehr, die sich dem Anprall westlicher Produkte, Sitten, Touristen entgegenstemmen könnte (es sei denn um den Preis, den Nordkorea dafür zahlt). 1968 zeigte uns die amerikanische Raumfähre Apollo auf ihrem Heimflug von der ersten Umkreisung des Mondes die Erde als bläuliche, weiss umschleierte Kugel, einsam und ziemlich klein im All: ein Raumschiff mit sechs Milliarden Passagieren, die ihm und sich offensichtlich nicht entrinnen können.

Was danach noch kam, darüber ist genug geredet worden: das Internet vor allem, das unter Menschen und Kontinenten die totale Gleichzeitigkeit herstellt – so, dass nun jeder Aktienmogul durch einen zweiminütigen Kursvorteil zwischen den Börsen von New York und Tokio ein paar Millionen verdienen kann. Und dann die Bush-Doktrin: Amerika nimmt sich das Recht, vor jedem Land auf Erden Angst zu haben und es folglich zu erobern oder auszulöschen; Tordesillas war nichts dagegen. Die amerikanische Weltherrschaft in Kinofilmen, Fernsehserien, Popmusik und Nietenhosen hinzugerechnet, bietet es sich folglich an, statt Globalisierung *Amerikanisierung* zu sagen.

Hilfsweise könnte man das Kultwort *sprachlich* säubern: Globalisierung ist ja ein Vorgang – und da der als annähernd abgeschlossen gelten kann, wäre eine Zustandsbeschreibung treffender: *Globalität*. Auch die freilich mit dem Nachteil, dass «global» eine ganz andere Bedeutung beibehalten hat: nicht ins Detail gehend, in groben Zügen («zunächst nur eine globale Vereinbarung treffen»). Um es also global genug zu sagen: Es wird eng auf der Erde, und ihre Anziehungskraft lässt allmählich nach.

Soziale Gerechtigkeit – die hinkende Kuh

Heilige Kühe sollten nicht hinken. Eine, die auf zwei Beinen lahmt, ist die «Gerechtigkeit». Die Philosophen, die das grosse Wort seit mehr als zwei Jahrtausenden umkreisen, haben die Kuh nicht heilen können; und noch mehr humpelt sie, seit ihr im 19. Jahrhundert der Sprengsatz «sozial» vor die Hufe fiel. Seit 2003 ist «Gerechtigkeit» in Deutschland gar der zentrale Begriff der politischen Debatte – und dies, obwohl ein Wort, das fast alles heissen kann, eben deshalb fast nichts besagt. Wir könnten erwägen, es aus dem Verkehr zu ziehen.

Von seinen vier Grundbedeutungen machen ja mindestens zwei uns Kopfzerbrechen. Klar definiert ist nur die *juristische* Gerechtigkeit: die Gleichheit der Bürger vor dem Gesetz, der Richterspruch ohne Ansehung der Person. Das ist geradlinig gedacht, wie das Wort «gerecht» es fordert: seinem Ursprung nach das Gerade, das Geordnete; die Rechtschaffenheit, die Rechtschreibung haben diesen Sinn bewahrt. Der juristischen Gerechtigkeit ist die *moralische* verwandt: von Platon in das Gebot gegossen, jeder müsse das haben und das tun, was ihm gemäss sei. Was aber ist das, das «Gemässe»? Gerade da beginnen die Probleme.

Auch die *religiös* definierte Gerechtigkeit kann Grübler nicht trösten. Zwar: «Der Gerechte muss viel erleiden, aber aus alledem hilft ihm der Herr» (Psalm 34,20); ähnlich Matthäus 5,6: «Selig sind, die da hungert und dürstet nach Gerechtigkeit; denn sie sollen satt werden.» Wenn es so einfach wäre! Sozialistische Parteien hätten dann nie eine Chance gehabt.

Die Debatte darüber, wie soziale Gerechtigkeit rechtsstaatlich herzustellen sei, begann um 1870: Da riefen deutsche Professoren wie Adolph Wagner, von den Liberalen als «Kathedersozialisten» verspottet, den Staat auf, die sozialen Gegensätze radikal zu mildern. Marx nahm ihren Einfluss auf – Nietzsche schrieb 1878: «Der Sozialismus treibt den halbgebildeten Massen das Wort ‹Gerechtigkeit› wie einen Nagel in den Kopf.»

Mit der Besteuerung konnte man den Anfang machen. Während bei der Proportionalsteuer, dem *Zehnt*, wie sie im Mittelalter hiess, der Reiche zwar mehr Steuern als der Arme entrichtete, der Prozentsatz aber gewahrt blieb, ergriff zu Beginn des 20. Jahrhunderts die *Steuerprogression* vom Abendland Besitz: Auch prozentual sollte der Reiche mehr bezahlen – eine gewollte Ungleichbehandlung im Dienst der neuen, der sozialen Gerechtigkeit. Der Staat schröpft die Reichen, und so kann er mit der Umverteilung des Reichtums zugunsten der Armen beginnen.

Seitdem ist die «soziale Gerechtigkeit» ein tanzender Deckel auf einem brodelnden Topf. Ja, wenn amerikanische Manager im Durchschnitt 200mal so viel verdienen wie mittlere Angestellte, dann hat vermutlich eine Mehrheit das Gefühl, dies sei wohl übertrieben. Aber wieviel mal höher dürfte ihr Einkommen sein? Und wer soll das wonach entscheiden? Und entscheidet es sich heute vielleicht anders als gestern?

Ja, sagte der Generalsekretär der deutschen Sozialdemokraten, Olaf Scholz: 2003 bezeichnete er den Begriff der sozialen Gerechtigkeit als nicht mehr zeitgemäss. Da er vor allem auf die Verteilung vorhandener Mittel setze, sei er nicht mehr haltbar, wenn wegen Kinderarmut und Überalterung die Mittel schrumpften. Es gelte vielmehr, auf eine «Teilhabe-Gerechtigkeit» hinzuarbeiten (ein neuer Begriff für das alte Schlagwort von der Chancengleichheit). Die SPD-Linke reagierte empört: Wer so rede, zerstöre eben das, was die Sozialdemokratie den anderen Parteien voraushabe, ihr «visionäres Mehr».

Der Aufruhr war noch im Gange, da rief der Vorsitzende der Jugendorganisation der CDU den nächsten Entrüstungssturm hervor: «Ich halte nichts davon», erklärte er im selben Jahr, «wenn 85jährige noch künstliche Hüftgelenke auf Kosten der Solidargemeinschaft bekommen ... Früher sind die Leute auch auf Krücken gelaufen.» Asozial, menschenverachtend! schallte es ihm entgegen, und auf die erste Seite der deutschen Zeitungen sprang das erst kurz zuvor aufgekommene Schlagwort «Generationengerechtigkeit». Gerechtigkeit also nicht nur zwischen Zeitgenossen, sondern auch zwischen Grosseltern und Enkeln! Warum sollen die wenigen Jungen den vielen Alten von der Gewerkschaft «Genuss und Verzehr», wie das jüngste Spottwort heisst, den Mallorca-Urlaub finanzieren, während sie selbst unter der Last ihrer Rentenbeiträge zusammenbrechen? «Warum eigentlich soll ein Jahrgang, der seine Geburten reduziert hat, nicht mithelfen, die Konsequenz zu tragen?» fragt der Soziologe Peter Gross (St. Gallen).

So wird sie immer neu problematisiert, die soziale Gerechtigkeit, und kein Gericht hat die Autorität, zu entscheiden, welches Mass an Teilhabe oder Umverteilung das gerechte wäre. Die Politiker werden sich weiter streiten, und mit der Logik kommt keiner voran. Realistisch klingt am ehesten der Vorschlag des amerikanischen Philosophen John Rawls von 1971: Gerecht sei eine Gesellschaft, in der die Verteilung des Vermögens und der Bildungschancen von allen als «fair» empfunden werde. Empfunden, das ist es! Oder, zynisch zugespitzt: Die soziale Gerechtigkeit liesse sich dann als hergestellt betrachten, wenn der Staatspräsident sie in seiner Weihnachtsansprache als annähernd erreicht bezeichnen kann, ohne dass die Bürger ihn mit Tomaten bewerfen.

Wer kommuniziert mit wem warum?

*I*rritierender hat nie ein Begriff geschillert als der der *Kommunikation*: Schlüsselwort der Gegenwart, dubiose Allerwelts-Vokabel für nützlichen Austausch, hohles Geschwätz und zudringliche Berieselung; dazu für all die Milliarden Bits und Pixels, die blitzend, piepsend, schnatternd ohne Pause um die Erde sausen.

Schon mit der Sprache, vor 100 000 Jahren, trat eine Zweiteilung der Kommunikation ins Leben – zwischen der *horizontalen*, dem Gespräch unter Gleichberechtigten, und der *vertikalen*: dem Befehl des Häuptlings, der Verfluchung durch den Medizinmann, später verfeinert zum Edikt des Kaisers und der Enzyklika des Papstes; dazu Sonderformen wie Gerücht, Gebet und Beichte. Der Buchdruck machte zwar das Wort zur Massenware, förderte jedoch primär wiederum die Kommunikation von oben nach unten: Schreiben zu können, einen Verleger zu finden, einen Drucker zu bezahlen blieb ja ein Privileg.

Auch Zeitung, Radio, Fernsehen kommunizieren vertikal: In den Massenmedien befindet sich eine Minderheit im Besitz der Informationen, die sie in der ihnen angemessen scheinenden Form und Dosierung an die lesende, lauschende Mehrheit weiterleitet. Dieses Gefälle hat, zumal bei Einführung des Radios vor rund 90 Jahren, viele Kritiker auf den Plan gerufen, marxistische vor allem: Bert Brecht schrieb 1927, es gehe nicht an, dass der Rundfunk ein reiner «Distributionsapparat» sei, ein einseitiger Lieferant; dem müsse sich eine Organisation der Belieferten entgegenstellen. Das klang plausibel – nur: Was wollte zum Beispiel die deutsche «Arbeiter-Radio-Presse» am 1. Mai 1932 gesendet haben? «Morgenmusik des proletarischen Blasorchesters Leipzig – Verlesung des Kommunistischen Manifests – Körperkultur im Arbeiterstaat – Übertragung der Maifeier der Moskauer Arbeiterschaft» und so weiter. Auch die Freiräume, die seither dann und wann ein Sender einer politischen Gruppierung überlassen hat, wurden zumeist durch nichts gefüllt, was in den Hörern den Wunsch nach mehr horizontaler Massenkommunikation hätte wecken können.

Der Austausch von gleich zu gleich, zunächst am Lagerfeuer, bei der Jagd, auf der Gasse betrieben, wurde durch den Brief, dann durch das Telefon intensiviert – bis schliesslich das Internet in einem Sturmlauf ohne Beispiel Hunderten von Millionen Menschen über Mauern und Meere hinweg die Chance zum totalen Gespräch gegeben hat. Viel Wissen wird da erworben, viel Sympathie gestiftet; geographisch weit verstreute Interessen lassen sich fruchtbar bündeln, und als Kontaktbörse für Liebe und Ehe hat das Internet im Abendland bereits den dritten Platz erobert, nach der Party und dem Büro, vor der Kneipe (der Beiz, dem Beisl) und dem Fitness-Club.

Nur eben andererseits: Hochstapler und Wirrköpfe nutzen das Internet, Sektierer, Neonazis, Panikmacher, Triebtäter und Terroristen. Hitlers «Mein Kampf» lässt sich im Netz ebenso bestellen wie eine Anleitung zum Bombenbasteln. Microsoft hat 2003 seine Plauderforen («Chatrooms») in Europa geschlossen, weil sich darin der Werbemüll und die Suchanzeigen von Kinderschändern häuften. Gelüste lassen sich da ausleben, die früher nie zusammenfanden.

Der Tiefpunkt aller horizontalen Kommunikation auf Erden war, dass anno 2001 ein Computertechniker aus einer hessischen Kleinstadt für seine kannibalischen Begierden im Internet 800 Gleichgesinnte fand, dazu 50 exakte Beschreibungen kannibalischer Festgelage und schliesslich einen Mann, «der sich von mir gern fressen lassen würde». Das geschah sodann.

Der Menschenfresser ist verurteilt worden, und vor dem Internet türmt sich das ungeheure Fragezeichen auf: Waren das nicht am Ende doch bessere Zeiten, als zwei derart Perverse keine Chance hatten, einander je zu finden? Und was soll man vor diesem Hintergrund von den Visionen einiger Wissenschaftler halten, die in der Vernetzung von Milliarden ein Riesenhirn entstehen sehen, das die Menschheit einer besseren Zukunft entgegentreibt? Bisher ist es der Unfug, der harmlose wie der schreckliche, der im Netz regiert.

Seit etwa 40 Jahren hat das schillernde Wort «Kommunikation» noch eine Facette mehr: Die Werbung und die sogenannte Öffentlichkeitsarbeit haben es an sich gerissen, sie fassen ihre Arbeit unter diesem Begriff zusammen; zuweilen nennen sie sie ehrlicherweise «beeinflussende» oder «Auftragskommunikation». Sie verhalten sich also einerseits wie Häuptlinge oder Päpste («Wir reden, ihr schweigt») und bauen doch andererseits darauf, dass die Leute das so genau nicht heraushören. In derselben Branche ist der Missbrauch entstanden, das Tätigkeitswort transitiv einzusetzen: «Wir müssen das besser kommunizieren», sagen sie. Damit ist die letzte Spur von Austausch dahin. Und wie nannte sich der berüchtigte Imageberater, also Propagandachef von Tony Blair? «Kommunikationsdirektor» nannte er sich.

Was also soll es heissen, wenn in den Stellenausschreibungen für Führungskräfte «Kommunikationsstärke» gefordert wird oder «kommunikative Kompetenz»? Nichts scheint ja den Inserenten wichtiger. Aber gesagt haben sie nicht, ob sie Gesprächsbereitschaft meinen oder die Fähigkeit, dafür zu sorgen, dass alle anderen den Mund halten.

Ehrenrettung für die Schadenfreude

Unser Bedarf an anderer Leute Unglück ist enorm. Im Unglück selbst unserer besten Freunde «finden wir immer etwas, was uns *nicht* missfällt», notierte 1678 der Herzog von Larochefoucauld: *Schadenfreude* nennen wir diese schillernde Gemütsbewegung – «den schlechtesten Zug in der menschlichen Natur», wenn Schopenhauer recht hat, «das unfehlbare Zeichen tiefer moralischer Nichtswürdigkeit».

Aber, aber! Nachdem an dieser Stelle vor Wortkeulen wie der Gleichheit, vor blossen Gaukeleien wie dem Fortschritt, vor Missverständnissen wie der Selbstverwirklichung gewarnt worden ist und vor Wortmumien wie dem Paradies, geht es heute um eine Ehrenrettung: Gibt es vielleicht Begriffe, die ihren schlechten Ruf zu Unrecht tragen? Liesse sich auch etwas Positives finden am Vorurteil, an der Lüge – und an der Schadenfreude eben?

Denn «nichtswürdig» wären wir ja fast alle, wenn Schopenhauer recht hätte: die Millionen Zuschauer der Fernsehserie «Pleiten, Pech und Pannen»; all die Schweizer, die Holländer, die Dänen, die sich ins Fäustchen lachen, wann immer Deutschland eine Fussballmeisterschaft verliert; ja wir schmunzeln und dürfen es auch, wenn Don Quijote ausgelacht, geprügelt und von reichen Leuten als Spielzeug ihrer Spottlust missbraucht wird.

Die Griechen dichteten selbst ihren Göttern Schadenfreude an: Krieg und andere irdische Grausamkeiten waren nach griechischer Vorstellung den Göttern «Festspiele», sagt Nietzsche, «Anlass zur Erheiterung in ihren allzu langen Ewigkeiten». Auch Robert Walser äussert den Verdacht, die Götter im Olymp «langweilen sich zuzeiten ziemlich stark, und sie begrüssen daher Gratisschauspiele mit dankbar schallendem Vergnügen».

Auf Erden sollte man vielleicht verschiedene Arten der Lust an fremdem Unglück unterscheiden, mit absteigender Verwerflichkeit. Wer uns eine Grube gräbt und sich totlacht, wenn wir hineinfallen, ist ein übler Mensch. Kaum *lesen* wir freilich von einem solchen Scheusal wie im Volksbuch vom «Till Eulenspiegel», schon amüsiert er uns: wenn er einem Reichen «Knötel aus seinem Hintern» als Wundermedizin verkauft, ja wenn er die Kranken aus dem Spital verjagt, indem er droht, den schlechtesten Läufer unter ihnen zu Pulver zu verbrennen. Die Grenze zu einer salonfähigen Art der Schadenslust ist dabei nicht immer leicht zu ziehen: Unsere Mitmenschen necken, foppen, föppeln wir guten Gewissens, wir binden ihnen einen Bären auf, wir schicken sie in den April.

Der Schaden aber, an dem wir uns am häufigsten laben, ist einer, den wir gar nicht herbeizuführen brauchen: zumal das Scheitern oder die Blamage eines Mächtigen. Ob die Demokratie nicht auch deshalb eine menschenfreundliche Staatsform ist, weil sie die Gelegenheit zu kollektiver Schadenfreude institutionalisiert? Alle paar Jahre können wir die Inhaber der Macht aus ihren Ämtern jagen. Und liegt der Reiz von Revolutionen nicht zuletzt darin, dass sie den Reichen einen Schaden zufügen, der die Armen erquickt? «Kohlgeruch in den Palästen!» Das betrachten, nach Isaak Babel, die Proletarier als ihren eigentlichen Sieg. «Die Schadenfreude ist's, wodurch sie sich an eurem Glück, an eurer Grösse rächen!» warnt bei Schiller die Fürstin von Messina ihre Söhne. Der Fall der Herrscher sei der Stoff, «womit sie sich die Winternächte kürzen».

Selbst wenn ein Vierjähriger laut auflacht, weil sein durchaus geliebter Grossvater auf einer Bananenschale ausrutscht, dann begeht er keine infantile Grausamkeit, sondern er erlebt die Urlust, die irdischen Grössenverhältnisse für eine kurze, kostbare Frist zu den eigenen Gunsten verschoben zu finden: Da ist einer, der grösser war als er, plötzlich der Kleinere geworden.

Wo wir uns weder am Sturz aus der Macht erfrischen noch den Schaden selber angestiftet haben, bleibt uns die Phantasie. Heine wünschte sich 1854 eine bescheidene Hütte mit ein paar Bäumen vor der Tür, «und wenn der liebe Gott mich ganz glücklich machen will, lässt er mich die Freude erleben, dass an diesen Bäumen etwa sechs bis sieben meiner Feinde aufgehängt werden». Im sechsten Jahr in seiner «Matratzengruft» hat Heine das geschrieben; wohl ein Versuch, sich am eigenen Elend durch böse Träume zu rächen.

Wer nicht in tiefer Not vegetiert, wer einfach zu den Armen, den Kleinen, den Benachteiligten gehört, zur Mehrheit also: Der tröstet sich mit der Schadenfreude in ihrer simpelsten Form. Friedlich daheim, kann er der Zeitung, dem Fernsehen, einem Telefongespräch oder einem Blick aus dem Fenster entnehmen, dass *andere* ein Unglück getroffen hat und ihn selber nicht. So filtert er aus dem oft ziemlich traurigen Lauf der Welt eine stille Genugtuung; manchmal seine einzige. Im Unterschied zum Alkohol ist dieser Balsam kostenlos und der Gesundheit nicht abträglich. Wer den Leuten solch schüchternes Vergnügen missgönnt, ist, wie hoch sein moralischer Anspruch auch wäre, eigentlich ein Menschenfeind. Und niemand sollte uns «nichtswürdig» nennen, bloss weil wir über den Dackel lachen, der das Protokoll der Geburtstagsparade mit stoischem Gleichmut durcheinanderbringt.

Wer schützt uns vor der Natur?

Zwei Herren aus der Schweiz haben uns aus dem 18. Jahrhundert eine Begriffsverwirrung hinterlassen, an der wir mühsam tragen, sobald wir über Nutzen und Grenzen von «Naturschutz» diskutieren: Was heisst das eigentlich, «Natur»? Doch wohl alles, was auf der Erde ist, die Wüste Gobi ebenso wie das Appenzeller Land; Streptokokken, Raubwanzen, Hyänen nicht anders als die Kühe aus dem Simmental. Bei solchen Fragen aber hielten die beiden Schweizer Herren sich nicht auf, und bis heute ist es nicht üblich, sie zu stellen.

Es war Salomon Gessner aus Zürich, der 1756 mit seinen «Idyllen» der Missdeutung Vorschub leistete: Hirtengedichten in der Art des Theokrit, der im 3. Jahrhundert v. Chr. die Oberschicht der grossen Griechenstädte Syrakus und Alexandria mit Schäferspielen ergötzt hatte. In anmutiger Landschaft lustwandeln bei Gessner Sänger, Flötenspieler, Schäferinnen «frei von allen den Bedürfnissen, die nur die unglückliche Entfernung von der Natur notwendig macht».

Von welcher Natur? Und in welche wollte, von Gessner beeindruckt, Jean-Jacques Rousseau aus Genf «zurück»? Offenbar in jene Heidi-Welt ohne Gelbfieber, Krokodile und Vulkanausbrüche, die er an den Seen von Genf, Biel und Annecy vorfand, erst recht in den Gartenhäusern und Lustschlössern, in denen er auf Kosten reicher Gönnerinnen wohnen durfte. Die Schwärmerei für diesen lieblichen Sprengel der Erde trieb Hölderlin 1795 in seiner Hymne «An die Natur» auf die Spitze: «Wenn ich da, von Blüten übergossen, still und trunken ihren Odem trank ...»

Von Blüten übergossen waren unsere Ahnen nicht, als sie sich in der Wildnis gegen übermächtige Tiere behaupten mussten und später die Wälder niederbrannten, um Ackerland zu schaffen; und «trunken vom Odem der Natur» sind sie auch heute nicht, die Milliarden Menschen, die sie als brutal erleben: von Erdbeben, Überschwemmungen, Dürrekatastrophen heimgesucht, von Krätzmilben, Aids-Viren und Hakenwürmern, die die Darmwände zerfressen, von Stechrüsseln und Giftstacheln, die die Kopfhaut derart schinden, dass in Afrika manche armen Teufel den Schädel unter den Harnstrahl einer Kuh halten, um das Ungeziefer loszuwerden.

Das alles ist Natur, und davon gibt es dramatisch viel mehr als von unseren Parklandschaften. Krähen sind Natur, wenn sie Lämmern die Augen aushacken. Wildhunde sind Natur, wenn sie der gehetzten Gazelle so lange die Eingeweide aus dem Leibe reissen, bis sie stirbt. Fressen oder gefressen werden – das ist das Schicksal der

Tiere auf Erden. «Welch ein Buch könnte ein Kaplan des Teufels schreiben», hiess Darwins Resümee, «über das plumpe, verschwenderische, stümperhafte, niedrige, schrecklich grausame Wirken der Natur!» Und Albert Schweitzer, der grosse Prediger der «Ehrfurcht vor dem Leben», räumte «schmerzvoll» ein: Die Natur kennt solche Ehrfurcht nicht.

Warum also *zurück* zu ihr? Ist es nicht der Daseinszweck der menschlichen Kultur, fragte Sigmund Freud, uns gegen die Natur zu verteidigen? Wollen wir sie denn, die unbequeme, die bedrohliche Natur – oder meinen wir nur etwas wie die Toskana, den Schwarzwald oder das Chablais, in Jahrhunderten gewachsene Kulturlandschaften in einem erstaunlich zahmen Teil der Erde? Ein wogendes Kornfeld in der Abendsonne, ein Spazierweg im korrekt durchforsteten Wald, ein grüner Hügel über den Giebeln schmucker Bauernhäuser, am liebsten mit einer Bank darauf und einem Papierkorb daneben: Das ist es, was die meisten Stadtmenschen als «Natur» geniessen, und damit haben sie Natur genug.

Am anschaulichsten wird unser Missverständnis auf den Almen oder Alpen. Auch wenn die glücklichen Kühe dort selten geworden sind (denn die Bauern ziehen es vor, sie im Tal zu melken) – die Fernsehwerbung projiziert sie immer noch dorthin, und dem Stadtmenschen wird bei ihrem Anblick warm ums Herz. Nichts bekümmert die Tourismus-Experten in den Alpenländern mehr, als dass viele Almen verwahrlosen und langsam verwalden.

Eigentlich heisst das nur, dass die Natur sich zurückholt, was die Bauern ihr einst entrissen haben durch Feuer, Raubbau und Verbiss. Auf den verlassenen Bergweiden spriessen Alpenrosen, Erika, Wacholder; Schmetterlinge lieben das Brachland; und nach 20, 30 Jahren wird der Wald wieder von seinem angestammten Reich Besitz ergriffen haben.

«Naturschützer» müssten das als Gewinn betrachten. Auch weil die ewig bimmelnde Glocke am Hals der grasenden Kühe möglicherweise den Tatbestand der Tierquälerei erfüllt. Auch weil der Schwachstrom für den Viehzaun auf der Alp von einem Kraftwerk im Tal gespendet wird, das entweder die Natur verschandelt (Talsperren, Windräder, Sonnenkollektoren) oder die Luft verpestet (Öl) oder unsere Nachkommen jahrtausendelang bedroht (Atom).

Aber wollen sie das, die Naturschützer: den Almen sterben helfen? Haben sie sich überhaupt darum bemüht, den schillernden Begriff «Natur» zu definieren, ehe sie für ihn auf die Barrikaden gehen? Ach nein! Und so stossen wir – das nächste Kapitel wird es zeigen – auf hoffnungslosen Zwiespalt, sehr viel guten Willen und ein Quantum wohlgemuter Ahnungslosigkeit.

Am Abgrund des Schübelweihers

Verzweifeln möchte man am Naturschutz schon wegen der Lüneburger Heide und des Schübelweihers bei Küsnacht am Zürichsee. Die Heide südlich von Hamburg, einst ein mächtiger Eichen- und Birkenwald, ist durch den Raubbau entstanden, den die Köhler und die Salzsiedereien von Lüneburg jahrhundertelang betrieben, und den Nachwuchs an Bäumen haben die Schafe gefressen. Von der geschändeten Natur ergriff das Heidekraut Besitz – hübsch sieht das aus, wenn es auf den weiten Flächen rosa blüht. Also wurde dieses Produkt menschlicher Verwüstung 1921 unter was gestellt? Unter «Naturschutz»! Wehe den Birken, die den Wald zurückholen wollen – Bauern und Behörden schicken ihnen Schafe entgegen, um sie zu vernichten.

In den Schübelweiher wiederum hat ein Unbefugter vor etwa 15 Jahren Rote Sumpfkrebse aus dem Mississippi-Delta eingesetzt, offenbar um mit ihnen ein Geschäft zu machen, denn sie schmecken gut. Sie sind jedoch Allesfresser, die die ansässigen Krebse und die gesamte Fauna des Weihers bedrohen. Da wurde gegen solche «Faunenverfälschung» 1996 ein «Schutzkomitee

Schübelweiher» gegründet, das den Sumpfkrebs mit einem angeblich nur für ihn tödlichen Gift ausmerzen wollte – Flugblätter, Proteste, Gutachten von sechs Behörden, Gerichtsentscheide in vier Instanzen: Nein!

Also den Fremdling abfischen? Erfolg gering. Den Weiher ausbaggern? Unerträglicher Eingriff ins Ökosystem. Raubfische einsetzen? Von den 70 Hechten waren viele alsbald «apathisch und verpilzt», und wenn sie frassen, dann auch die Blässhuhn-Bruten. Also Aale? Ja, die Zahl der Sumpfkrebse haben sie vermindert; ausgerottet sind sie keineswegs. Kosten bis heute: mehr als 200 000 Franken. Wozu man wissen muss, dass der Weiher 1850 künstlich angelegt worden, also ein klarer Fall von Naturverfälschung ist.

Vielleicht wäre es günstig, noch vor der Fauna ein paar Begriffe zu sortieren. «Natur», was ist das überhaupt? Erstens das Weltall; mindestens die Erde. In dieser Urbedeutung ist der Mensch ein Teil von ihr, also schon begrifflich ausserstande, sie zu schützen – und wie zerstörerisch er sich auch verhielte: Ein Stück «Natur» bliebe er immer.

In der engeren, heute überwiegenden Bedeutung ist Natur nur die Oberfläche der Erde, und dies nur insoweit, als der Mensch sie noch nicht verändert hat – das Innere von Grönland beispielsweise, natürlich auch Zecken, Kakerlaken und Cholera-Bazillen. Doch die will keiner schützen, und Grönlands Inlandeis lässt die meisten kalt. Was aber ist dann schützenswert? Doch nicht etwa unsere Wälder, in denen die Bäume strammstehen müssen vor dem Oberförster? Jedenfalls nicht unsere Wiesen, Parks und Gärten, denn die würde die Natur gern dem Geissfuss, der Gundelrebe, dem Bärenklau, dem Sauerampfer überlassen, den Urfeinden des Gartenfreunds.

Insofern war es wohl ein Fortschritt, dass das Wort Naturschutz seit den 1970er Jahren mehr und mehr vom weniger vieldeutigen *Umweltschutz* überholt worden ist. Freilich wieder mit einer heiklen Frage: wessen Umwelt? Unsere – oder die der Ratten, der Forellen? Sollen wir Tieren die Macht geben, *ihrer* Umwelt zuliebe die Menschen zu verdrängen? Für sie ist ja die herrschsüchtige Spezies «Mensch» mit ihren mehr als sechs Milliarden Exemplaren die eigentliche Naturkatastrophe; für die Tierwelt wäre unsere Selbstausrottung das beste Umweltschutzprogramm.

So kann es eigentlich nicht gemeint sein. Wie aber dann? Vielleicht wie in Hamburg, wo Vogelschützer jahrelang ein Neubauvorhaben für 10 000 Menschen blockierten, weil sie dort die Schnarrlaute des Wachtelkönigs vernommen haben wollten? Wie im Serengeti-Nationalpark, aus dem die Regierung von Tansania die einheimischen Nomaden mitsamt ihren Herden vertreibt, den Löwen, Gazellen, Elefanten zuliebe – genauer: den reichen Safari-Touristen zum Hochgenuss?

Oder eher wie im Schweizer Nationalpark (1914 als erster in Europa gegründet), wo der Mensch nur ein geduldeter Besucher ist, ähnlich wie im Nationalpark Bayerischer Wald, wo der Borkenkäfer die Freiheit hatte, Tausende von Hektar Fichtenwald zu vernichten? Das empört viele Besucher und viele Bauern erst recht. So soll ein zweiter Nationalpark, über den in der Schweiz diskutiert wird, dem Menschen eine grössere Rolle zuweisen – der Natur also eine kleinere. Rasch dreht sich dann wieder das Karussell der Naturverfälschung wie am Königssee bei Berchtesgaden: Zum Nationalpark geedelt, zieht er doppelt so viele Besucher an wie früher, und die brauchen doppelt so viele Parkplätze, Wege, Bänke, Abfallkörbe, Gasthäuser und Toiletten.

Der Vorzug bleibt, dass dies sich unter Aufsicht vollzieht, dass Beton, Benzin und Windrotoren dort nichts verloren haben, dass also Natur und Zivilisation eine erträgliche Ehe eingegangen sind. Mehr ist wohl auf Erden nicht mehr zu haben. Für unverfälschte Landschaft halten wir den Mond und den Mars in Reserve, und hinieden werden wir bis dahin nicht aufhören, die Natur dort zu bekämpfen, wo sie am abscheulichsten ist: in den Viren.

Die Maschinerie der Vorurteile

Was alle meinen, ist wahr, und was ich selber zweimal erfahren habe, gilt für immer – das sind die beiden Pfeiler, auf denen einer unserer heikelsten und schillerndsten Begriffe ruht: das Vorurteil. Da alle Menschen meinten, die Erde stehe still und die Sonne gehe auf, hatte Kopernikus es schwer, die gegenteilige Meinung durchzusetzen; wird ein Autofahrer zweimal Zeuge, dass ein töricht kurvender «Vordermann» einen Hut aufhat, so wird er künftig allen misstrauen, die mit Hut am Steuer sitzen. Natürlich, das ist eine schrecklich übereilte Verallgemeinerung. Praktisch aber können wir einem solchen Vorurteil so wenig entrinnen wie unsere Ahnen dem über den Aufgang der Sonne.

Es waren Richard Wagner und ein Zürcher Architekt, die mich zum ersten Mal daran zweifeln liessen, ob unser aller Abneigung gegen Vorurteile nicht doch übertrieben ist. Als Richard Wagner sich vor seiner Cosima verächtlich über den Komponisten Robert Schumann äusserte, hielt sie ihrem Gatten vor, dass er Schumann eigentlich zu wenig kenne, um sich ein so drastisches Urteil zu erlauben; Richard erwiderte, ihrem Tagebuch zufolge: Wer alles kennen müsse, ehe er schimpfen dürfe, der würde nie zum Schimpfen kommen, und das sei nicht zumutbar.

Irgendwie, finde ich, hatte Richard Wagner recht. Wie auch der Architekt, der mir erklärte, dass er sein schönes Ferienhaus im Oberengadin an «Welsche» nicht mehr vermiete – warum? Weil einer von denen ihm das Haus als Saustall hinterlassen habe. Einer? fragte ich erstaunt – ob er da nicht etwas vorschnell urteile? Er fragte zurück: «Wie oft soll ich mir mein Haus ruinieren lassen?» Und recht hatte er irgendwie auch.

Unser Leben ist zu kurz und seine Gefahren sind zu gross, als dass wir es uns erlauben könnten, uns unsere Meinungen erst dann zu bilden, wenn wir sie auf eine faire Menge von Erfahrungen stützen können. «Unsere Notwendigkeit, zu entscheiden, reicht weiter als unsere Fähigkeit, zu erkennen» hat Kant gesagt, und der Philosoph Max Horkheimer: «Ohne die Maschinerie der Vorurteile könnte man nicht über die Strasse gehen, geschweige denn einen Kunden bedienen.» Eben solche «Verkürzungen des Gedankens» seien ein Mittel, das Leben zu meistern. Ähnlich der Psychologe Wolfgang Marx von der Universität Zürich: Eine vereinfachte Weltsicht stelle «ein ökonomisches Optimum» dar; der Nutzen raschen Handelns sei grösser als der Nachteil jener Fehlentscheidungen, die daraus folgen könnten.

Da sollten wir unsere uralte Unlust, uns die Mühe des Nachdenkens über unsern Wortvorrat zu machen, mal wieder überwinden und den übel beleumundeten Begriff auf den Seziertisch legen. Goethe kannte das «günstige Vorurteil» über einen Menschen, und dass positive Vorurteile auch heute noch grassieren, wird durch jede Hochzeit bewiesen: Die Erwartung, dass die Ehe dem Paar Glück und Erfüllung bringen werde, ist ja durch Lebenserfahrung nur bedingt gedeckt.

Der heute überwiegende Wortsinn («vorgefasste Meinung, zumal wenn sie irrig ist») hat sich erst im Lauf des 19. Jahrhunderts herausgebildet – mehr und mehr mit dem Misstrauen verbunden, dass auch Wissenschaft und Technik weithin von Vorurteilen leben. Philosophen, sagt Nietzsche, seien zumeist «verschmitzte Fürsprecher ihrer Vorurteile, die sie ‹Wahrheiten› taufen». Alle Naturwissenschaftler, sagt der Philosoph Karl Popper, arbeiten mit Hypothesen, die man auch Vorurteile nennen könnte; sie selbst müssten versuchen, ihre Theorien nicht zu zementieren, sondern sie zu widerlegen, wenn sie wirklich der Wahrheit dienen wollten. Erst durch eine Katastrophe widerlegt wurde das offensichtlich voreilige Urteil der Ingenieure von Kaprun, dass Bergbahnen, weil noch nie eine gebrannt hatte, nicht brennen könnten; 155 Skifahrer zahlten dafür mit dem Leben.

Die schlimmsten Vorurteile sind die kollektiven: die Feindbilder, Wahnvorstellungen, Verschwörungstheorien von Menschengruppen oder ganzen Völkern, der Rassen-Dünkel, der Hass der Fanatiker auf andere Religionen und Nationen – gestützt auf die selbstverständliche Überzeugung, die anderen seien minderwertig oder böse. Es sind diese Vorurteile, von denen das Wort seine schmutzige Farbe bekommen hat.

Woraus die Frage folgt, ob es sinnvoll ist, wirklich alle Arten von unbewiesenen Meinungen unter einem Begriffsdach zu versammeln: das mörderische Vorurteil; den wissenschaftlichen Irrtum und das technische Versagen; die rasche Arbeitshypothese über huttragende Fahrer, die im Verkehr durchaus das Risiko vermindern könnte; und unsere völlig einleuchtenden Schnellurteile: unser Recht, einem Menschen für immer aus dem Weg zu gehen, der uns fünf Minuten lang auf die Nerven ging, oder ein Buch beiseite zu legen, weil die ersten 50 Seiten uns gelangweilt haben. «Vorurteilslosigkeit» jedenfalls ist ein unsinniges Wort, es kann sie nicht geben – bestenfalls die Bereitschaft, unsere früheren Urteile durch spätere Einsichten zu korrigieren. Das ist schwierig genug, und vor jedem, der das zwei-, dreimal im Leben schafft, sollten wir den Hut ziehen.

Nachruf auf ein nobles Wort

Seit an jeder Haustür Terroristen lauern können, erleben wir den seltenen Fall, dass ein Schlagwort an der Wirklichkeit zerschellt. Es ist still geworden um den *Pazifismus*, einen Leitbegriff des 20. Jahrhunderts. Die ihn predigten, erhoben zwei sympathische Forderungen – jeden Krieg ablehnen und ihn folglich auch nicht militärisch vorbereiten – und leiteten daraus eine kühne Behauptung ab: Kriege würden dadurch unwahrscheinlich, wenn nicht unmöglich werden. Das aber war schon immer falsch, und nun ist es unsinnig geworden.

Es war aussichtslos, weil drei grosse Religionen den Krieg für gottgefällig halten oder hielten. Der Koran ruft zum Dschihad auf, zum Heiligen Krieg gegen die Ungläubigen: «Schlagt ihnen die Köpfe ab! Ihr sollt siegen, denn Allah ist mit euch» (Sure 9 und 47). In der Bibel spricht der Herr zu seinem auserwählten Volk: «Du wirst alle Völker vertilgen, die der Herr, dein Gott, dir geben wird» (5. Mose 7). Die Kreuzzüge waren klassische Angriffskriege (und solche werden auch heute von der Uno nicht verurteilt, falls sie gegen ein kolonialistisches oder rassistisches Regime geführt werden).

Dass Pazifismus den Krieg verhindern könne, ist zum zweiten deshalb chancenlos, weil zu viele Menschen in aller Welt ihn lieben – nicht nur Generale und Diktatoren. Millionen arme Teufel hoffen auf jenen Krieg, der sie aus Unterdrückung und Elend befreien soll. Söldner haben schon immer von ihm gelebt, und es gibt noch viele. Es fragt sich überdies, ob nicht Hooligans, Skinheads und die Gewalttätigen unter den Anti-Weltwirtschaftsgipfel-Demonstranten sich gleichsam für entgangene Kriege schadlos halten. «Mutter Courage» liebte den Krieg, weil er ihr, nach Brecht, «die Höhe ihrer geschäftlichen Laufbahn brachte», und noch nie hat es an Menschen gemangelt, die durch Kriege reich geworden sind.

Auch leben Pazifisten im Abendland in einer Seelenspaltung: Ihre angenehme Umwelt ist ja fast durchweg das Produkt blutiger Eroberung. Es war das mörderische Wüten der Römer unter fast allen Völkern der damals bekannten Welt, das uns das vielgerühmte lateinische Erbe hinterlassen hat. Alle weissen Bewohner der USA sind Nutzniesser des Ausrottungskriegs gegen die Indianer. Und wer heute mit der einen Sprache Englisch um die Erde reisen kann, der profitiert vom Machtrausch der englischen Kolonialherren.

Die grösste Schwäche des klassischen Pazifismus jedoch lag in dem naiven Glauben, die Bekundung von Friedenswillen habe die Kraft, den Frieden zu wahren. Nein: So ist die Welt nicht eingerichtet, dass sie sich noblen Begriffen fügt. Pazifist sein, schrieb der linksliberale Kurt Tucholsky 1935, heisse ungefähr so viel wie gegen Pickel sein – «damit heilt man nicht»! 1938 glaubte der britische Premierminister Neville Chamberlain, er habe den Frieden gerettet, indem er Hitler auf silbernem Tablett das Sudetenland servierte. 1939, als Hitler die restliche Tschechoslowakei besetzte, fiel kein Schuss – aber wer wollte solchen Frieden loben?

Von Problemen also war das grosse Wort schon vor 1995 übervoll. In jenem Jahr ereignete sich der serbische Massenmord von Srebrenica, und Europas grösste pazifistische Bewegung, die deutschen Grünen, wurden an ihrer Überzeugung irre. «Kann eine Position der Gewaltfreiheit den Sieg der nackten Gewalt in Bosnien einfach hinnehmen?» fragte Joschka Fischer seine Partei. «Droht unserer Generation jetzt ein ähnliches Versagen wie der Generation unserer Eltern in den dreissiger Jahren, wenn wir dem Schrecken nicht entgegentreten?» Als die deutsche Bundeswehr sich 1999 zum ersten Mal nach 54 Jahren an einem Kampfeinsatz beteiligte – dem Nato-Angriff auf Serbien wegen der Terrorisierung der Albaner im Kosovo: Da argumentierte Fischer ebenso, und die Mehrheit der Grünen im Bundestag stimmte dafür.

Zu allem Unglück war mit dem Kosovo die Tür zu einer neuen, einer zusätzlichen Art von Kriegen aufgestossen: Angriff auf einen Staat, der seine Nachbarn unbehelligt gelassen hatte, dessen innere Zustände jedoch das westliche Ausland empören. Im Völkerrecht ist das als Kriegsgrund nicht vorgesehen. Die USA taten im Irak den nächsten Schritt, ja sie haben in ihrer Militärdoktrin von 2002 den Präventivkrieg gegen jeden Staat angekündigt, von dem sie sich bedroht fühlen, und sei es nur, weil er mit ihrer Macht gleichzieht. Auch viele Nichtpazifisten finden das schlimm – doch es hilft ihnen nichts.

Vollends zwecklos aber wäre es, gegen den islamistischen Terror den Frieden zu predigen. George Orwell hatte leider recht, als er 1942 den Pazifismus einen Luxus nannte, den sich nur Leute leisten könnten, deren Sicherheit garantiert sei – «entweder durch genügend Kanonen oder durch genügende Entfernung vom Kriegsschauplatz». Gegen den Terror helfen Kanonen nichts, und die Entfernung von ihm ist auf Null geschrumpft. Ein Begriff für die Lage, in die wir Freunde des Friedens dadurch geraten sind, oder gar für ein Rezept gegen das Schreckliche hat sich noch nicht herausgebildet.

Glück: eine Nonne als Geliebte

Hören Sie nicht auf das, was die Leute sagen – wenn sie sagen, dass sie «glücklich» sind. Sie sagen zum Beispiel: «Unsere Ehe war die glücklichste der Welt.» Aber sie sagen es in der Tischrede zu ihrer Goldenen Hochzeit. Jeder an der Festtafel versteht es richtig: Die zwei hatten wahrscheinlich eine Ehe wie viele andere auch, mit Spass, Ärger, Glück und Phasen der Verzweiflung – doch wer würde das beim Jubiläum so formulieren, wer würde es auch nur hören wollen! Die beiden sind noch zusammen, das ist erstaunlich genug.

Spricht einer nicht zu seinen Freunden, sondern zu einem Fremden oder gar zu einem Meinungsforscher, so lohnt es sich zweimal nicht, ihm zuzuhören. Will er denn wirklich seine innerste Wahrheit preisgeben – und nicht viel lieber sich interessant machen oder die Erwartungen seiner Umwelt bedienen? Die innere Wahrheit aber: Was ist das überhaupt? Die Meinungsforscher wissen, dass die Frage «Sind Sie ein glücklicher Mensch?», bei Sonnenschein gestellt, deutlich mehr positive Antworten ergibt als dieselbe Frage bei Regen. Das kann nur heissen: Selbst die Minderheit derer, die sagen, was sie denken, hat sich in ihrer subjektiv ehrlichen Lebensbilanz offensichtlich vom Wetter beeinflussen lassen. Wie sollte da ein fetter Lottogewinn nicht ein anderes Licht aufs ganze Leben werfen als eine Nierenkolik?

Wenn nicht irgendwelche Leute reden, sondern Philosophen, wird es noch schlimmer. Seit zweieinhalb Jahrtausenden behaupten die meisten von ihnen, fast alles, was uns im Leben Freude macht – Essen und Trinken, Lachen, Lieben und Erfolg – sei kein Glück, höchstens ein billiges, oft noch dazu unsittliches Vergnügen. Glück darf nur das Bewusstsein erfüllter Pflicht und eines Lebens in der Tugend heissen! So predigen sie von Aristoteles bis Kant. Mit anderen Worten: Diese grämlichen Greise lügen uns unser kleines Glück zwischen den Fingern weg.

Erst recht leugnen sie natürlich, dass es gerade der Reiz des Unmoralischen, des Verbotenen ist, der vielen die höchsten Genüsse beschert: der verstohlenen Küsse, der ehebrecherischen Beziehungen. Stendhal spitzte diese Erfahrung zu der Behauptung zu, die höchste Wollust sei es, eine Nonne zur Geliebten zu haben, «und zwar eine Nonne von wahrer Frömmigkeit!». Und da wagte es Schopenhauer zu dekretieren: Nie könne der Mensch mehr erreichen, als dass er von einem Leiden befreit sei, «folglich nur sich so befindet wie vor dessen Eintritt». Alle Genüsse blieben negativ – «dass sie beglücken, ist ein Wahn».

Auch unsere Lexika schränken ihre Definitionen des Glücks auf erhabene Gefühle ein: «das Eins-Sein mit seinen Hoffnungen und Wünschen» (Grosser Meyer); «seelisch gehobener Zustand, in welchem der Mensch mit seinem Schicksal einig ist» (Grosser Brockhaus); «Zustand innerer Befriedigung und Hochstimmung» (Grosser Duden). Der Philosoph Herbert Marcuse, Säulenheiliger der 68er, verkündete sogar, auch ein wirklich empfundenes Glück sei unter kapitalistischen Lebensverhältnissen «unwahr», und gesellschaftspolitische Reformen dürften nicht danach abgemessen werden, ob sie den einzelnen glücklicher machten.

Was *heute* geschrieben wird, ist überwiegend mit einer milderen Ideologie behaftet: dass Glück machbar sei – und dass man das Wie den modischen Büchern entnehmen könne: «Der Glücksfaktor» heissen sie oder «Die Glücksformel», «Sorge dich nicht – lebe» und «Die Seele befreien». Eine Erhebung darüber, inwieweit solche Bücher Glück wirklich ausgebreitet haben, liegt nicht vor; sie wäre auch nicht viel wert, da sie sich nur auf das stützen könnte, was die Leser darüber *sagen* würden.

Egal! Sind nicht die Perioden des Glücks ohnehin «leere Blätter in der Weltgeschichte»? Hegel hat das geschrieben, und Sigmund Freud: «Dass der Mensch glücklich sei, ist im Plan der Schöpfung nicht enthalten.» Glück sei «seiner Natur nach nur als episodisches Phänomen möglich. Jede Fortdauer einer vom Lustprinzip ersehnten Situation ergibt nur ein Gefühl von lauem Behagen.»

Nun, erstens kann man niemandem verbieten, eben ein stetiges Behagen als sein Glück anzusehen. Und zweitens lässt Freud ja eine Art von Glück grossherzig zu: die Episode, die glücklichen Minuten – mit Goethe im Bunde, der in Rom aufschrieb, «dass alle wirklich klugen Menschen darauf kommen, dass der Moment alles ist und dass nur der Vorzug eines vernünftigen Menschen darin besteht, sich so zu betragen, dass sein Leben die möglichste Masse von vernünftigen, glücklichen Momenten enthalte».

Solche zum Beispiel. Als Heine rief: «Tirili! Tirili! Ich lebe!» Als Eichendorffs Taugenichts vor Lebenslust «jauchzte und strampelte und tanzte auf dem Wagentritt». Als Büchners Lenz in der Stille eines kristallenen Wintermorgens in den Vogesen «ein heimliches Weihnachtsgefühl beschlich», wie wenn seine Mutter hinter einem Baum hervorträte und ihm sagte, sie habe ihm dies alles beschert. Jeder kennt sie, solche Minuten, und wie immer er sie nennt, Glück, Spass, Wonne, Hochgenuss: Recht hat er! An seiner Lust mag das überfrachtete Wort getrost zerschellen, kein Moralapostel soll es ihm im Mund umdrehen; und Meinungsforscher fröhlich zu belügen ist ein Vergnügen mehr.

Mutmassungen über den Mut

Wer es wagt, ein derart in Ehren stehendes Wort wie den «Mut» gegen den Strich zu bürsten, der kriegt Ärger. Susan Sontag hat das erlebt, die berühmte amerikanische Essayistin: Sie brachte die Zivilcourage auf, gegen jene Politiker und Journalisten zu polemisieren, die die Zerstörung des World Trade Center am 11. September 2001 als «feigen Angriff» auf die freie Welt bezeichnet hatten. Wer bereit sei, selbst zu sterben, um andere zu töten, schrieb sie, verdiene es, mutig genannt zu werden; feige seien eher jene amerikanischen Piloten, die aus unerreichbarer Höhe töteten, mit minimalem Risiko. Da war die Hölle los in Amerika.

Sprachlich wie psychologisch gesehen, ist der Mut eben ein unheimlicher Geselle: in vielen Bedeutungen schillernd, einst ganz ohne Bezug zur Tapferkeit und noch heute keineswegs auf diese eingeschränkt; wo aber doch, dann mit der Angst erstaunlich eng verwandt.

Ursprünglich hiess «Mut» Laune, Stimmung, Gemütsverfassung: «Iss, trink und habe guten Mut!» (Lukas 12, 19) – freue dich, das ist in der Tat gemeint, *et te réjouis* in der französischen Bibelversion, in der englischen *and be merry*; und guten Mutes können wir noch heute sein. Umgekehrt: «Ein betrübter Mut vertrocknet das Gebein» (Salomo 17,22), «verdrossnen Mutes» liest man bei Goethe.

Sodann bedeutet Mut von altersher den Zorn, die Erbitterung: «Ich will meinen Mut an ihnen kühlen!» (2. Mose 15,9). Und noch viel mehr: Wem wir «Nur Mut!» zurufen, dem wünschen wir nicht Waghalsigkeit, sondern Zuversicht. Der *Mutwille* ist nicht der Vorsatz, tapfer zu sein, sondern die kalkulierte Boshaftigkeit; der *Hochmut* nicht ein hohes Mass an Bravour, sondern die Überheblichkeit; der *Übermut* keine Tollkühnheit, sondern der fröhliche Leichtsinn; der *Unmut* nicht das Gegenteil von Mut, ein Synonym für Angst also, sondern der Ärger, der Verdruss. («Doch an dem Herzen nagte mir/der Unmut und die Streitbegier», reimte Schiller in seiner schaurigen Ballade vom Kampf mit dem Drachen.) Und *Gleichmut* schliesslich heisst ein leidenschaftsloser Gemütszustand, also fast gar nichts mehr.

Aus dieser wabernden Fülle der Bedeutungen hat sich erst im 19. Jahrhundert der Mut im Sinne von Furchtlosigkeit, Schneid nach vorn geschoben. Wenn wir uns indessen auf diesen heute überwiegenden Wortsinn beschränken, dann stolpern wir aus dem Irrgarten der Sprache ohne Umweg in den der Psychologie. Und da zeigt sich, dass «Mut» nicht so sehr ein Sammelwort für noble Motive und Charaktereigenschaften ist (ja, die laufen manchmal mit) – sondern eher der Deckel auf einem Topf, in dem vor allem die Angst rumort.

Angst ist ja an sich nichts Negatives. Vor übermächtigen Gefahren davonzulaufen, kann lebensrettend sein, «nur Narren fürchten nichts», sagt Heine, und Mut im heute klassischen Sinn wird ohnehin nicht als das Fehlen von Angst definiert, sondern als die Fähigkeit, eine durchaus vorhandene Angst zu überwinden. Wie schaffen wir das? Meist in der Form, dass wir die verpönte Art der Angst durch eine unauffällige, sozial halbwegs gebilligte Spielart der Angst vertreiben.

Wenn Zehnjährigen eine heikle Turn- oder Kletterübung zugemutet wird, so fürchten sie für den Fall, dass sie sie verweigern, mit Recht, als Feigling, als Memme verspottet zu werden. Die Angst vor dem Hohngelächter der Mitschüler, die Hoffnung auf ihren Beifall ist ein Antrieb von ungeheurer Macht. Turnlehrer, Pfadfinder, Rekrutenausbilder, Frontoffiziere nutzen sie. «Mut», sagt Schopenhauer, «ist eine blosse Unteroffizierstugend, in welcher sogar Tiere uns übertreffen, weshalb man sagt, ‹mutig wie ein Löwe›.» (Was wiederum nicht stimmt, denn alle Raubtiere sind schlau genug, nur unterlegene Opfer anzugreifen.)

Mit der Angst vor der Schande und ihrem Gegenpol, der Gier nach Orden und Ehrungen, schliesslich mit der Angst vor Strafe konnte man Soldaten dazu bringen, gegen all ihre kreatürlichen Instinkte dem feindlichen Bunker entgegenzustürmen. Die Einsicht ist uralt, nur ziemlich selten das Thema von Leitartikeln und Festansprachen. «Ruhmsucht und Angst vor Schmach» spornten die Soldaten zur Tapferkeit an, schrieb Cäsar, und Friedrich der Grosse: «Der gemeine Soldat soll seine Offiziere mehr fürchten als alle Gefahren.» Von einem Kriegsgericht wegen «Feigheit vor dem Feind» verurteilt zu werden war die Angst, die in den Weltkriegen den Soldaten aller Armeen im Nacken sass: von den Freunden verachtet, von der Gesellschaft geächtet, mit Haft oder Erschiessung bedroht – das war der Wall aus Angst, den der Militärapparat hinter den Soldaten errichtete; so hoch, dass der mörderische Sturmangriff sich gleichsam in eine Flucht nach vorn verwandelte.

«Mutig» nennen wir einen Menschen also dann, wenn er derjenigen Angst nachgibt, die seine Umwelt als Mut einzustufen liebt. Es gibt schwerlich eine menschliche Eigenschaft, die danach riefe, mit dem Wort «Mut» belegt zu werden; mit dem Begriff «Angst» werden die Antriebe des Mutigen meist besser beschrieben. Doch fair beschreiben: Wer will das schon. Was ist Mut? Eine Botschaft aus der Steinzeit. Ein Wortballon, der zischend zusammenschrumpelt, sobald wir ihn angestochen haben.

Die Musse und der Müssiggang

Freizeit? Unsere Grosseltern hatten wenig davon, und das Wort kannten sie nicht. Dem Grimmschen Wörterbuch (beim Buchstaben F 1878 angelangt) war «Freizeit» unbekannt; der Grosse Meyer von 1926 registrierte sie, aber nur als mehrtägige Zusammenkunft von Gleichgesinnten, eine «kirchliche Freizeit» beispielsweise. Der Grosse Brockhaus von 1954 sah das ebenso, liess Freizeit aber zusätzlich als «neuen Ausdruck für Musse» zu – und das war auch noch falsch.

«Musse»: Die verträgt sich kaum mit Abenteuerurlaub und Fitness-Studio. Die Musse war vielmehr der heitergelassene Tageslauf, den in Athen und Rom die reichen Bürger anstrebten; Arbeit hielten sie ja für etwas Minderwertiges, dafür waren die Sklaven da. Für ältere Bildungsbürger ist der Begriff Musse noch heute positiv besetzt, er hat eine Aura von Kulturbeflissenheit; während sie den blossen Fernsehkonsum eher unter «Müssiggang» abbuchen würden – und der ist, nach einem Sprichwort aus der Lutherzeit, bekanntlich «aller Laster Anfang».

Denn keiner Pflicht nachzugehen, widersprach dem christlichen Geist. «So jemand nicht will arbeiten, der soll auch nicht essen», hatte Paulus an die Thessalonicher geschrieben (2.3,10) – ein Satz, den Stalin in die Sowjetverfassung von 1937 übernahm. Die Bedediktinermönche liessen als Gegenstück zur Arbeit nur das Beten zu («ora et labora»).

Im frühen 20. Jahrhundert wurde Freizeit – noch lange ohne diesen Namen – zum Kampfziel der Gewerkschaften, weg von der 60- oder gar 72-Stunden-Woche. Erst als die Summe der beliebig verfügbaren Zeit (nach Abzug von Schlaf, Hausarbeit, Essen, Körperpflege) mit der Zahl der Arbeitsstunden pro Woche gleichzog, entstand das Bedürfnis, diesen Spielraum «Freizeit» zu taufen – allerdings nur bei dem, der einer geregelten Arbeit nachgeht: Unter Arbeitslosen, Rentnern, Pensionären ist das Wort kaum gebräuchlich, ja die Sache finden viele von ihnen eher lästig, manchmal entsetzlich; während viele Mütter noch heute eine 100-Stunden-Woche absolvieren und Milliarden Bauern auf Erden nie erfahren haben, was Freizeit ist.

Die meisten Stadtmenschen aber besitzen inzwischen so viel davon, dass die Freizeit nach «Gestaltung» ruft, einem Lieblingswort von Betriebsräten, Animateuren, Freizeitpädagogen (die gibt es) und vor allem der *Freizeitindustrie*; ihr grösster Zweig, der Tourismus, ist inzwischen das umsatzstärkste Gewerbe der Welt geworden. Schon registriert der Duden auch den *Freizeitstress*: die Strapazierung, die aus hektischer Aktivität und einem Übermass von Angeboten folgt. So nassgeschwitzt wie in der Freizeit sind in der Arbeit nur noch wenige. Und Ökologen beklagen längst die *Freizeitschäden*, die durch Freizeitschweiss und Tourismus angerichtet werden.

Welche Karriere eines scheinbar unschuldigen Wortgebildes! Es benennt ein Weltproblem, mindestens eine wachsende Sorge der Industrienationen. Für eine zunehmende Zahl von Berufstätigen ist die Freizeit schon lange nicht mehr das, als was sie einst ins Leben trat: Kompensation der Plage, der Unfreiheit am Arbeitsplatz – sondern der primäre Lebenszweck. Wirtschaftsunternehmen an Orten ohne *Freizeitwert* haben es schwer, Mitarbeiter an sich zu ziehen; jene Spitzenmanager ausgenommen, die Fanatiker der Arbeit sind, ohne Musse, wahrscheinlich auch ohne Gebet.

Solche Arbeitstiere bestätigen aufs neue die uralte Erfahrung, dass die oberen Zehntausend das Gegenteil von dem zu tun wünschen, was das Volk betreibt: Um fünf Uhr morgens, als die Bauern aufstanden, ging einst der russische Adel schlafen; als die Arbeiter noch 70 Stunden schufteten, schaute der Fabrikherr öfter mal im Büro vorbei; und die freizeitgestaltenden Massen von heute haben an der Spitze den *Workaholic* auf den Plan gerufen.

Vergleichbare Verächter der Freizeit, mindestens des Freizeitkults, sind von jeher die Besessenen unter den

Künstlern – ja selbst mit dem Begriff können sie kaum etwas anfangen, da er einen Gegensatz zur Arbeit benennt, den sie nicht kennen, eine Erholung von ihr, die sie nicht brauchen. Wie, zum Beispiel, schreibt man einen Roman? Man muss ihn, sagte Marcel Proust, «unter unaufhörlicher Umgruppierung der Kräfte vorbereiten wie eine Offensive, ihn ertragen wie die Qual der Ermüdung, ihn erbauen wie eine Kirche, ihn erschaffen wie eine Welt». Und Edgar Allan Poe notierte: «Wie ich mich plagte, wie ich schrieb! Mein Gott, habe ich denn nicht immer geschrieben? Den ganzen Tag sass ich an meinem Schreibtisch, und nachts brannte meine Lampe noch nach Mitternacht.»

Wünschen wir uns etwa, Franz Schubert hätte sich mehr Freizeit genommen, statt neun Symphonien, sieben Messen, 23 Klaviersonaten, 18 Streichquartette und mehr als 600 Lieder zu komponieren, bis er mit 31 Jahren starb? Aus der Arbeit sind nun einmal mehr grosse Dinge als aus der Freizeit hervorgegangen. Die Arbeit, ach ja! Vielleicht geht sie uns eines Tages noch so gründlich aus, dass wir alle uns zur Freizeit eher verurteilt als eingeladen sehen; aus den Wörterbüchern könnte sie dann wieder verschwinden, so, wie sie sich in einer kuriosen Weltsekunde hineingedrängt hat.

Woran «Multikulti» gestorben ist

*K*ultwörter zeigen deutlicher als andere «die stille Macht der Wortfügung über die Wahrheit», von der Lichtenberg gesprochen hat. Wenn sie sterben – und ausnahmsweise kann das geschehen –, hat die Wahrheit also einen Sieg errungen.

Da starb 1918 das Delikt der *Majestätsbeleidigung* und der Begriff mit ihr, einfach deshalb, weil die Majestäten Deutschlands und Österreichs sich verflüchtigt hatten. Da ist es still geworden um den *Pazifismus*, schon seit den jugoslawischen Bürgerkriegen von 1995 bis 1999 und noch mehr seit dem islamistischen Terrorangriff auf New York. Mit Getöse aber hat sich *Multikulti* verabschiedet, der Lobpreis der multikulturellen Gesellschaft. Der 11. September 2001, an dem das World Trade Center zusammenkrachte, brachte das Ideal ins Wanken, und die rituelle Abschlachtung des holländischen Filmemachers Theo van Gogh am 2. November 2004 hat ihm den Todesstoss versetzt.

Ein schönes, jedenfalls erstaunliches Stück Menschenliebe hatte sich da aufgebaut: mit Rousseau beginnend, der sich im lieblichen Herzen Europas den «edlen

Wilden» ausdachte; fortgesetzt mit der «Brüderlichkeit» im Kampfruf der Französischen Revolution; gespeist vom schlechten Gewissen der Abendländer über die Ausrottung der Indianer, die Versklavung der Schwarzen und schliesslich den Holocaust; das Ganze mit christlicher Nächstenliebe vermählt und zu guter Letzt von den 68ern auf ihre Fahnen geschrieben: Alle Menschen sind gleich, alle Kulturen sind gut – holt sie her, bei uns sollen sie blühen!

In diesem Geist formten sich, als in Deutschland mehrere Häuser mit türkischen Familien angezündet worden waren, 1992 in vielen Grossstädten «Lichterketten» gegen Ausländerhass; und noch anno 2000 war das Multikulti-Ideal unter Deutschlands Meinungsführern so unangefochten gültig, dass der prominente CDU-Politiker Friedrich Merz sich Empörung einhandelte, als er forderte, die in Deutschland lebenden Ausländer hätten sich einer deutschen «Leitkultur» anzupassen.

Im November 2004 jedoch verlangte die CDU erhobenen Hauptes, alle in Deutschland lebenden Ausländer hätten «die freiheitlich-demokratische Leitkultur» anzuerkennen; «Multikulti» sei gescheitert. Die SPD widersprach nur mässig, ja der sozialdemokratische Innenminister Otto Schily erklärte seinerseits die «Multikultiseligkeit» zur Illusion. Er warnte vor einem «Kulturrelativismus», der allzu leicht bereit sei, sich einer anderen, «vermeintlichen» Kultur unterzuordnen. In den Chor mischte sich die kämpferische Feministin Alice Schwarzer: Sie habe das Multikulti-Ideal schon immer für «verlogen» gehalten, da sich allzu viele muslimische Männer an die Sure vier des Korans hielten: «Wenn ihr fürchtet, dass die Frauen sich auflehnen, dann ermahnt sie, meidet ihr Ehebett und schlagt sie.»

Holland, jahrzehntelang gerühmt für seine Toleranz gegenüber Einwanderern und Asylbewerbern, hatte seine Politik schon 2002 nach dem Wahltriumph der Partei des fremdenfeindlichen Pim Fortuyn drastisch geändert: Ausweisung von Illegalen, gebremste Einwanderung, Pflicht zur Erlernung der Landessprache, forcierte Integration. Da dürfe keine «Parallelgesellschaft» entstehen – so der neue Leitbegriff. Selbst die Einwanderung von zunächst erwünschten Arbeitskräften wird inzwischen kritisiert: Arme Teufel würden angelockt, um für die Reichen die Drecksarbeiten zu erledigen.

Als dann ein völlig assimilierter, holländisch sprechender Araber den Rachemord an Theo van Gogh begangen hatte, übten viele Holländer militante Vergeltung: Moscheen brannten, Kopftuchträgerinnen wurden beschimpft, die einstige Ausländerfreundlichkeit hatte sich weithin in Ausländerfeindlichkeit verwandelt.

Doch nicht nur in Europa und auch nicht nur des Terrorismus wegen hat das magische Wort seinen Geist aufgegeben. In den USA, mindestens in Kalifornien, ist ähnlich gross wie die Sorge vor dem Terror die Angst vor der rapiden Hispanisierung: Die Zahl der Hispanics oder Latinos – meist Mexikaner – hat 40 Millionen erreicht und damit die der Schwarzen als stärkste Minderheit überholt. In Los Angeles machen sie schon die Hälfte der Einwohner aus; Kinderfreudigkeit und anhaltender Zuzug werden ihnen bald in ganz Kalifornien zur Mehrheit verhelfen. Und anders als alle Einwandererströme vor ihnen ballen sich die Latinos zusammen, sie weigern sich, Englisch zu lernen und sich den Landessitten anzupassen.

Samuel Huntington, der 1993 mit seinem «Kampf der Kulturen» Furore machte, hat 2004 in seinem jüngsten Buch «Wer sind wir?» vor der «bikulturellen Gesellschaft» gewarnt, die von Kalifornien aus im Entstehen sei; sie würde das Ende Amerikas bedeuten, so wie die Welt es kenne. Wem aber *bikulturell* schon zu viel ist – wie soll er *multi* ertragen?

Dass Einwanderer muslimischer Religion einen schweren Stand haben, versteht sich in den USA seit dem 11. September von selbst; in Spanien, in England, in Frankreich ist die Sorge nicht geringer. Gern werden dabei die Selbstmordattentate gegen die friedliche Gesinnung abgegrenzt, die im Koran walte, und gewiss ist es schrecklich übertrieben, den Koran «das dümmste und gefährlichste Buch der Welt» zu nennen, wie die berühmte italienische Journalistin Oriana Fallaci das in ihrem 2004 erschienenen Buch «Die Kraft der Vernunft» behauptet.

Harmlos aber ist der Koran nicht: «Der Lohn derer, die sich gegen Allah empören, wird sein: dass sie getötet oder gekreuzigt werden» (Sure 5,34). Europa, schreibt die Fallaci, schwebe in tödlicher Gefahr: Längst werde es islamisch unterwandert, mit der Absicht, es zu unterjochen. In Marseille seien 60 Prozent aller Neugeborenen Muslime – und habe der algerische Staatschef Boumedienne nicht 1974 vor der UNO prophezeit: «Der Leib unserer Frauen wird uns den Sieg bescheren»?

In London griff der liberale *Guardian* solche Engländer an, «die die Empfindlichkeiten eingewanderter Minderheiten höher bewerten als die britischen Grundwerte der Toleranz, der Freiheit, der Gesetzestreue». Die Frage «Ist Religion für dich wichtig?» bejahten in Deutschland unter 12 000 befragten Schülern die christlichen zu 17 Prozent, die muslimischen zu 73 Prozent, und anders als in allen anderen Religionen nimmt im Islam mit der Religiosität die Gewaltbereitschaft zu.

Kein Kulturrelativismus also! Keine Parallelgesellschaft im eigenen Land! Aussperrung – oder Integration! Toter könnte «Multikulti» nicht sein. Ein neues multikulturelles Modell, wie es der Schweiz unter besonderen historischen Umständen alles in allem gelungen ist, scheint nirgends in Sicht.

Und willst du nicht mein Bruder sein ...

«Bleibet fest in brüderlicher Liebe», schrieb Paulus an die Hebräer (13,1) – und dabei wusste er doch, was Brüder einander antun können: Kain erschlug den Abel, durch Mord halbierte sich sogleich das erste Bruderpaar (1. Mose 4); Joseph, Sohn des Jakob, wurde von seinen Brüdern an arabische Händler verkauft – was die Brüder schon als eine Art Begnadigung empfanden, denn eigentlich hatten sie ihn erwürgen wollen (1. Mose 37). Und Romulus, nach der Legende der Gründer Roms, erschlug den Remus, seinen Zwillingsbruder.

Welche Vorstellung von «Brüderlichkeit» hatten Juden und Römer? Und wieviel Bruder-Angst herrschte bei jenen orientalischen Despoten, die, von der Antike bis ins 17. Jahrhundert, vor oder nach der Thronbesteigung grundsätzlich ihre Brüder umbringen liessen, zur Ausschaltung der Konkurrenz und zur Sicherung der Erbfolge? Sultan Mohammed II., der 1453 Konstantinopel eroberte, trug seinen Nachfolgern dieses Verfahren sogar testamentarisch auf. «Alle Menschen werden Brüder», von Schiller gedichtet, von Beethoven vertont – ist das demnach eine Hoffnung? Oder eher eine Drohung?

Oder vielleicht ein Traum weltfremder Einzelkinder? (Vier Schwestern hatte Schiller – einen Bruder nicht.)

Es war der griechische Philosoph Zenon der Jüngere, der vor 2300 Jahren als erster die Brüderlichkeit aller Menschen in einem Weltstaat forderte – eine dramatische Abkehr von der Gesinnung unserer steinzeitlichen Ahnen: Ein Wort wie «Mensch» als Oberbegriff für die Mitglieder ihrer Horde und die Nachbarstämme kannten sie nicht. Der Mensch vom anderen Stamm war ein Feind, der Jaguar war auch ein Feind, also zerfiel die lebende Welt in «Feinde» und die Mitglieder des eigenen Stamms.

Die frühen Apostel der Menschenliebe kannten nur jeweils einen homogenen Sprengel der Erde: Zenon den hochzivilisierten östlichen Mittelmeerraum, Jesus Palästina, Buddha das nördliche Indien; und Rousseau, der 1754 die Rückkehr zum angeblichen Naturzustand der Gleichheit aller Menschen forderte, hatte ausschliesslich die Kulturlandschaft zwischen Genf und Paris bereist. Je weniger Menschen man kennt, desto leichter ist es natürlich, alle, die man kennt, zu lieben.

So liessen Frankreichs Revolutionäre von 1789, die der «Brüderlichkeit» zum Weltruhm verhalfen, zwei Arten von Menschen vorsichtshalber nicht als Brüder gelten: nicht die Sklaven in den französischen Kolonien (die wurden 1790 von der Nationalversammlung ausdrücklich ausgenommen) – und nicht solche Bürger, die sich der jakobinischen Definition von Brüderlichkeit verweigerten: «La fraternité ou la mort!» schallte es ihnen entgegen, woraus in Deutschland der Spruch wurde: «Und willst du nicht mein Bruder sein, so schlag ich dir den Schädel ein.»

Da ist es kein Wunder, dass auch Marx und Lenin zur Brüderlichkeit ein eigentümliches Verhältnis hatten. Himmelweit war Karl Marx davon entfernt, die Proletarier, die er doch zur Herrschaft führen wollte, als seine Brüder zu betrachten: «Ochsen», «Knoten», «komplette Esel» hiessen sie in seiner Korrespondenz mit Friedrich Engels. Lenins Verwandtschaft mit Marx ging so weit, dass beide nie eine Stunde Lohnarbeit geleistet hatten und kaum je einem Proletarier begegnet waren.

Aber 1902 stellte Lenin mit seiner denkwürdigen Schrift «Was tun?» Marx auf den Kopf: Die Arbeiter, hiess es darin, seien unfähig zum Klassenkampf; den Sozialismus habe ja die bürgerliche Intelligenz ersonnen und ihn dem Proletariat nur «mitgeteilt»; folglich müsse auch die Intelligenz, zu einer Truppe von Berufsrevolutionären organisiert, die Arbeiterklasse zum Sieg führen. So war die Diktatur *des* Proletariats durch die Diktatur einer Kaderpartei *über* das Proletariat ersetzt und der letzte Anflug von Brüderlichkeit beim Teufel.

Die deutschen Sozialdemokraten singen zwar noch das Kampflied «Brüder, zur Sonne, zur Freiheit» – die Brüderlichkeit aber ist bei den Sozialisten aller Schattierungen schon vor Jahrzehnten der *Solidarität* gewichen: «Freiheit, Gleichheit, Solidarität» heisst das Schlagwort heute. Der Begriff hat ja zwei Vorzüge: zum einen fehlt ihm die Aura enger Verwandtschaft, die nicht jeder mag, Brudermord hin oder her – nach dem schönen bösen Satz von Karl Kraus: «Das Wort ‹Familienbande› hat einen Beigeschmack von Wahrheit.»

Zum anderen aber benennt die Solidarität eben keine Pflicht zur allgemeinen Menschenliebe, wie der chilenische Lyriker Pablo Neruda sie in seinem «Canto General» noch 1950 predigte («Friede für alle, die leben!») – sondern: Wer sich solidarisiert, tut es mit einer Gruppe Gleichgesinnter gegen Widerstände von aussen. In der DDR wurde Solidarität definiert als «brüderlicher Zusammenhalt der revolutionären Klasse eines Landes mit der internationalen Arbeiterbewegung». Alle Arbeiter also sollen Brüder werden – alle Menschen nicht.

Inzwischen ist die Brüderlichkeit nicht nur durch die einengende Solidarität bedroht, sondern auch durch die *political correctness*: Könnte es nicht ebenso «Schwesterlichkeit» heissen, mindestens «Geschwisterlichkeit», geschlechtsneutral? «Alle Menschen werden Geschwister» hätte Schiller dichten sollen! Aber vielleicht hätte Beethoven das nicht gemocht.

Unsere schöne Weihnachtsprosa

Alljährlich dräut den Menschen deutscher Muttersprache jene Jahreszeit, in der man ihnen den Wunsch nach «besinnlichen Feiertagen» aufnötigt. Zehntausende von Pfarrern, Politikern, Geschäftsführern, Sparkassendirektoren und Vereinsvorständen sind sich in ihren Weihnachtsgrüssen einig: Besinnlichkeit ist Bürgerpflicht zur Jahreswende, mit den Varianten «seelische Erholung», die dem deutschen Grundgesetz zufolge zum Wesen der Feiertage gehört, oder «innere Einkehr», wie RTL (RTL!) sie seinen Mitarbeitern wünscht, zusammen mit «Besinnung und tollen Geschenken».

Die öffentliche Weihnachtsprosa geriert sich so, als hätte der Engel des Herrn den Hirten auf dem Felde Besinnlichkeit angeraten; er hat aber «grosse Freude» verkündet (Lukas 2,10). So rufen wir einander zu Recht «fröhliche Weihnachten» zu und singen nach der Stillen Nacht auch «O du fröhliche». In südlichen Ländern versteht man die Bibel wörtlich und *tanzt* zum Fest von Christi Geburt, und in den USA ist die traditionelle Christmas Party ein Anstoss zu millionenfacher Besäufnis.

Da halten wir uns eher zurück in Mitteleuropa: Auf die Minderheit der Kirchgänger trifft eine Mehrheit, die es sich einfach gutgehen lässt, mit viel Familie und ein bisschen Völlerei – nicht gerechnet jene einsamen Alten, die vor allem um eines beten: dass diese Serie von Feiertagen glimpflich vorübergehen möge. «Besinnlichkeit» wäre das Letzte, was sie trösten könnte.

Warum also die hartnäckige Beschwörung einer weihevollen Selbstversenkung, zu der die Bibel nicht aufruft und die von der Mehrheit fröhlich verweigert wird? Es scheint, dass die Sprache hier ihre uralte Trost- und Ersatzfunktion beweist: Wir lieben es, das, was *nicht* ist, wenigstens ins Wort zu heben. «Warum die Menschen nicht gut, schön und wahrhaftig *sind*, sondern es lieber sein wollen», überschrieb Robert Musil ein nachgelassenes Kapitel seines Romans «Der Mann ohne Eigenschaften», und C. G. Jung sagt: «Sein ist schwieriger und wird deshalb gern durch Worte ersetzt.» Haben wir einmal das Weihnachtsfest sprachlich mit der Besinnlichkeit vermählt, so können wir uns des Zwanges zur tätigen Selbstbesinnung enthoben fühlen und sie dem innigen Tremolo der Wiener Sängerknaben überlassen.

Zusätzlich leistet sich das sogenannte Volk der Dichter und Denker immer wieder ein paar Hohepriester der Innerlichkeit, und unter denen hat sich soeben kein Geringerer als der Präsident des Deutschen Bundestags hervorgetan, Wolfgang Thierse. Er war einer von den

23 000 Deutschsprachigen, die dem Aufruf des Goethe-Instituts gefolgt waren, das für sie schönste Wort der deutschen Sprache zu benennen. Da siegte statistisch die Liebe vor der Gemütlichkeit, und schöne Wörter waren auch dabei, Erdbeermund zum Beispiel, Tausendschönchen und Vergissmeinnicht.

Thierse aber plädierte, man traut seinen Ohren nicht, für «Erfüllungsmelancholie». (Die ist im Duden nicht vorgesehen, doch im Deutschen darf man Wörter ja zusammenleimen wie Weltschmerz oder Leberwurst.) Welche Melancholie, um Himmelswillen? Die durch leichte Trauer gedämpfte Stimmung (neudeutsch: «Befindlichkeit»), wenn ein Wunsch sich erfüllt habe, sagt Thierse; der Zustand des Hoffens sei der schönere gewesen. Alles klar! Ein Volk, das einen Menschen von so pastoralem Hintersinn ins zweithöchste Staatsamt befördert, hat sich seine besinnlichen Feiertage redlich verdient.

In Deutschland verdrängt die Besinnlichkeit freilich nur im Advent die Lieblingsvokabel der tonangebenden Kreise; elf Monate im Jahr regiert die «Betroffenheit». Sie kam 1968 in Mode, in dem neuen Wortsinn: nicht nur von einem Gesetz, einer Veränderung betroffen, sondern bewegt, angerührt von aller Scham, ein Deutscher zu sein, und aller Ungerechtigkeit auf Erden. Jeder Tag ein Busstag! Hilfreich sei der Mensch, gut und allzeit bestürzt! In einer Debatte mit französischen Kommilitonen rühmten sich deutsche Studenten ihres «Betroffenheitsvorsprungs», ja in einer Heiratsanzeige kennzeichnete ein junger Mann sich stolz als «betroffen» – ohne zu sagen, wovon, betroffen schlechthin. Der holländische Essayist Jan Buruma spottete, die Deutschen neigten zu «Betroffenheitskitsch»; das deutsche Gedächtnis sei «wie eine riesige Zunge, die rastlos nach einem schmerzenden Zahn tastet».

Welches der beiden Signalwörter wird überdauern: der Betroffene oder das Besinnliche? Das zweite, vermutlich. Denn zum einen ist es nicht an reichsdeutsche Nachkriegsbefindlichkeit gebunden, und zum anderen hat die Besinnlichkeit aufgehört, nur durch die Weihnacht zu geistern auf der Suche nach sich selbst: Sie hat die Alpen erobert! Dort, schrieb die *Neue Zürcher Zeitung*, sei fast überall «eine Aufwertung besinnlicher Aktivitäten im Schnee» zu beobachten. Ein schöneres Synonym fürs Winterwandern ward nie ersonnen.

Gemeinsam bleibt den beiden Leitbegriffen die Stärke, dass die Wirklichkeit sie nicht widerlegen kann – da in ihr ohnehin nichts existiert, was nach solchen Namen riefe. Sie sind Wortschleim ohne Erdenrest. Die Kunst, lässt Heinrich Böll seinen Oberleutnant Heimüller im «Ende einer Dienstfahrt» sagen – die Kunst besteht nur darin, das Nichts in seine verschiedenen Nichtigkeiten zu zergliedern.

Was uns vom Affen trennt

Täuschen kann man auch mit Silikon. Die grosse Kunst der Tücke, der Lüge, der Heuchelei aber hat sich in der Wortsprache entfaltet. Die Lüge ist das Lebenselixier von Grabrednern, Angeklagten, Politikern und Werbetextern; für Theologen, Pädagogen, Eltern und Liebespaare ist sie Stoff zum Grübeln ohne Ende.

Schon die Bibel ist sich mit sich selbst nicht einig. Das achte Gebot lautet ja nur: «Du sollst nicht falsch Zeugnis reden wider deinen Nächsten», stellt also allein die Verleumdung an den Pranger. Doch Moses sagt: «Ihr sollt nicht stehlen noch lügen» (3. Mose 19,11), und in Psalm 5 heisst es sogar: «Herr, du bringst die Lügner um» – die Lügner, alle also; was nicht stimmen kann, wenn Paulus recht hat (Römer 3,4): «Gott ist wahrhaftig, und alle Menschen sind Lügner.»

Uneins sind noch mehr die Philosophen. Platon sagte, ein geschickter Lügner, der die Wahrheit kenne, sei besser als ein ehrlicher Ignorant. Montaigne dagegen nannte 1580 die Lüge ein verfluchtes Laster, «un mauldict vice»; in der Erziehung sei nichts wichtiger, als den Kindern die Verlogenheit auszutreiben.

Gerade dem widerspricht nun eine moderne Schule der Anthropologie: Wenn die meisten Kinder im Alter von drei oder vier Jahren zu lügen begönnen, so hätte sie einen Entwicklungssprung gemacht. Sie seien imstande, das eigene Wissen listig beiseite zu schieben, und lernten zugleich einschätzen, welche Lüge gerade noch glaubhaft sei («Der Hund hat die Schokolade geklaut!»). Mit der ersten Lüge «galoppiert der menschliche Geist dem Affen davon», hiess es 2002 in einer Studie der Universität Osnabrück.

Francis Bacon hatte 1597, kurz nach Montaigne, eine schillernde Position bezogen in dem berühmten Essay, der mit den Worten beginnt: «‹Was ist Wahrheit?› fragte Pilatus spöttisch – und wartete die Antwort nicht ab. Es gibt nämlich Menschen, die an Unklarheiten ihr Gefallen haben.» Warum sei die Lüge so beliebt? fragt Bacon. Weil die Wahrheit oft beschwerlich sei – und weil die meisten Menschen das nackte Tageslicht der Wahrheit fürchteten; ein Hauch von Lüge sei wie Kerzenschein und wärme die Seele. Andererseits: «Der menschlichen Natur gereichen nur Treu und Redlichkeit zur Zierde.»

Unerbittlich wie immer war Immanuel Kant. Sogar die Lüge gegenüber einem Mörder, «der uns fragte, ob unser von ihm verfolgter Freund sich nicht in unser Haus geflüchtet, würde ein Verbrechen sein» – mit der halsbrecherischen Kasuistik: «Hast du gelogen und gesagt, er sei nicht zuhause, und er ist auch wirklich (obzwar dir unbewusst) ausgegangen, wo denn der Mörder ihm im Weggehen begegnete und seine Tat an ihm verübte: So kannst du mit Recht als Urheber des Todes desselben angeklagt werden.»

Juristisch ist das Unsinn und moralisch derart verquer, dass man nach Erholung dürstet. Schon Montaigne bot sie an, indem er einräumte, er sei sich nicht sicher, ob er der Versuchung widerstehen würde, sich «aus tödlicher Gefahr durch eine dreiste Lüge zu retten». Vollends befreit fühlt man sich durch Jonathan Swifts Essay «Über die noble und nützliche Kunst der politischen Lüge»: Sie sei ein sicheres Zeichen englischer Liberalität! Nur dreierlei dürfe der Lügner nicht: die Wahrscheinlichkeit strapazieren, hartnäckig bei der immer selben Lüge verweilen – und etwas behaupten, was schon morgen widerlegt werden könnte. Im übrigen werde eine Lüge am wirksamsten mit einer anderen Lüge bekämpft, nicht etwa mit der Wahrheit.

Was soll unsereiner aus alldem folgern? Am besten: den Wortbrei «Lüge» in vier verschiedene Schüsseln füllen. In die erste kommt die politische Lüge: Sie ist Alltag, ohne sie ist kein Wahlkampf zu gewinnen; wir sollten aufhören, uns über sie aufzuregen – zumal wenn sie, wie meistens, in der milderen Form der Beschönigung oder des Verschweigens auftritt. In die zweite Schüssel schütten wir die Lügen über Tatsachen, soweit sie dem Lügner schaden können – sei es, weil andere Tatsachen ihn blamieren, sei es, weil sie mit Strafe bedroht sind (der Meineid). Die Freiheit zu lügen hat ja nur der Angeklagte; für Zeugen gilt der alte Satz: Wer sich keinen guten Anwalt leisten kann, sollte lieber gleich die Wahrheit sagen. In die dritte Schüssel gehören jene Lügen, die dem Mitleid entspringen: Einem Kind, dessen Vater für zwei Jahre ins Gefängnis muss, sollte man wohl eher sagen, er sei nach China gerufen worden.

Von der vierten Art schliesslich sind die sympathischen Lügen: die, die wir über unsere eigenen Meinungen verbreiten. Es wäre ungezogen, einer Gastgeberin unser wahres Urteil über ihr Essen ins Gesicht zu sagen; es wäre widerlich, einen Vierjährigen nicht für die Kritzelei zu loben, die er uns stolz zum Geburtstag schenkt. Und wenn Meinungsforscher uns befragen, sollten wir getrost daran denken, wie weit weg vom Affen wir uns schon entwickelt haben.

Von den Vorzügen des Neides

Eine giftige Kröte, die in finsteren Löchern lauert – das, sagt Schopenhauer, ist der Neid. Der Apostel Paulus setzte den Neid gleich mit Hurerei, Geiz, Bosheit und Mord (Römer 1,29), und das Grimmsche Wörterbuch definiert ihn als «die gehässige und quälende Gesinnung, mit der man Vorzüge oder Erfolge anderer wahrnimmt». Bei so viel Abscheu gerät leicht in Vergessenheit, dass der Neid oft ein Antrieb zu vielbewunderten Taten ist, ja ein Motor der Volkswirtschaft – und sogar die Mutter aller sozialen Gerechtigkeit auf Erden (mindestens der zuweilen erreichten Annäherung an diese).

Neid: Der hiess einst anschaulich auch «Scheelsucht» (noch bei Thomas Mann); «Missgunst» sagen wir weiter. Die *Eifersucht* ist sein Halbbruder: einerseits der aggressive Neid auf den erfolgreichen Nebenbuhler, andererseits die blosse Wahnvorstellung, es gebe einen solchen. Eine durchweg kämpferische Form des Neides nennen wir *Rivalität*, den Wettlauf um Erfolg und Ruhm – wie Leonardo und Michelangelo ihn ausgetragen haben, Schiller und Goethe, Thomas und Heinrich Mann. Schopenhauer schrieb sein halbes Leben lang als fast unbekannter Privatgelehrter gegen Hegel an, den Grosskophta der Schulphilosophie, den «ganz erbärmlichen Scharlatan», wie er ihn nannte, und kaum hätte Schopenhauer ohne diesen wütenden Neid die Kraft besessen, drei Jahrzehnte des Misserfolgs schreibend durchzustehen, bis endlich der Ruhm ihn einholte. «Neid ist dem Menschen natürlich», schrieb er; dennoch sei er ein Dämon, den wir ersticken sollten.

Warum eigentlich – wenn er uns doch «natürlich» ist und den Schreiber seinerseits zu grossen Werken trieb? Welche Chancen, den Dämon zu erwürgen, haben wir denn? Der Geschwisterneid seit Kain und Abel, der Futterneid, der Neid auf den beförderten Kollegen, der blanke, bleiche, gelbe, grüne Neid – er ist überall. Bis zum Hass kann er sich steigern; auf Rache sinnt er oft; in der Schadenfreude findet er Genugtuung; sympathisch wirkt er nie. Doch was hilft's! «Neiden und geneidet werden ist das meiste Tun auf Erden», schrieb der schlesische Dichter Friedrich von Logau vor dreieinhalb Jahrhunderten – und der Einfluss des Neides auf die Menschenwelt ist seither noch drastisch gewachsen.

Einst gab es nur dann und wann ein Murren unter den Zurückgesetzten – damals zum Beispiel, als Jesus alle Arbeiter im Weinberg mit einem Silbergroschen entlohnte: die, die sich zwölf Stunden lang geplagt, und die, die nur eine Stunde gearbeitet hatten (Matthäus 20). Und Jesus sprach: «Habe ich nicht die Macht, zu tun, was ich will, mit dem, was mein ist?» (Ein Standpunkt, der heute nicht als politisch korrekt passieren würde.) Und weiter: «Siehst du scheel drein, weil ich so gütig bin?» In der Tat: Jedem hatte Jesus einen Silbergroschen versprochen, also keinen betrogen – jedoch mit dem, was er seine Güte nannte, die Scheelsucht der Frühaufsteher auf die Zuletztgekommenen provoziert.

Wer sich nicht so frontal benachteiligt sah, dem lag bis weit ins 19. Jahrhundert der Neid meist fern; mindestens fand die Missgunst kein Forum, sich zu artikulieren oder gar zu einer Macht zu werden. Die Armen und die Knechte hielten sich für den Teil einer völlig natürlichen Ordnung der irdischen Verhältnisse, und es war das Jenseits, in dem der gerechte Lohn ihnen winkte. Lehnten sie sich doch einmal auf, so scheiterten sie wie die Bauern in ihrem Krieg von 1524.

Erst den Predigern des Sozialismus gelang es, unter den Schlechtweggekommenen massenhaft das Gefühl zu verbreiten, dass ihnen Unrecht geschehe, und damit in die politische Offensive zu gehen. Sie haben den Zustand herbeigeführt, den der österreichische Soziologe Helmut Schoeck 1966 in seinem Standardwerk «Der Neid» so beschrieb: Die Neider bekommen immer Recht, sie erzwingen immer höhere Sozialhilfe und immer krassere Steuerprogression, und nur wer auf sie setzt, kann parlamentarische Mehrheiten erringen; ja die Beneideten haben gegenüber den Neidern eine Art Schuldgefühl entwickelt.

Eben auf diese Weise ist im Abendland eine gewisse Annäherung an das undefinierbare Ideal der «sozialen Gerechtigkeit» entstanden, mit Konsequenzen, die man grossenteils bejahen könnte – nur dass die Zufriedenheit auf Erden dadurch offensichtlich nicht gestiegen ist. Je mehr die Lebensumstände sich annähern, umso empfindlicher reagieren wir auf die verbliebenen Unterschiede, sagt Schoeck, und ähnlich der amerikanische Volkswirtschaftler John Kenneth Galbraith: «Wir sind verletzlicher geworden, seit wir nicht mehr hungern müssen. Wer könnte mit Sicherheit behaupten, der Hunger schmerze mehr als der Neid auf des Nachbars neuen Wagen?»

Wenn das wahr ist, dann würde ohne Neid die Autoindustrie zusammenbrechen und nicht nur sie. Da wir ihm ohnehin nicht entrinnen können, bleibt uns eigentlich nur zweierlei – in unserm Verhalten: den Neid nicht zur Schau tragen und uns von ihm nicht zerfressen lassen; nach der hübschen Volksweisheit aus Köln: «Mer muss jünne künne», gönnen können muss man.

Für die moralische Bewertung des Neides aber gilt: Da wir unseren heutigen Lebensstil weithin gerade ihm verdanken, sollten wir die Kraft haben, gelassen mit ihm umzugehen. Das Paradies, das Augustinus im «Gottesstaat» entwarf, ist auf Erden nicht zu haben, ja viele würden es nicht einmal haben wollen: mit einer Rangordnung nach Dienst und Lohn – jedoch so, «dass kein Niedriger den Höheren beneidet».

Der grösste Zwerg der Welt

*I*n die Alchemistenküche der Begriffsbildung ist 2004 aus zehn Milliarden Kilometern Entfernung ein jäher Lichtstrahl gefallen: Die Astronomen streiten, ob ein frisch entdeckter Himmelskörper es verdient, «Planet» zu heissen (wie die neun, die wir schon so nennen) – oder nur «Planetoid» wie die Zehntausende von kosmischen Trümmern, die mit uns um die Sonne jagen. *Sedna* haben sie den Zwitter getauft, nach der Meeresgöttin der Eskimos. Das Einstufungsproblem entsteht aus Sednas Durchmesser von etwa 2000 Kilometern: ist sie damit in der Grösse nun näher am Pluto und Merkur, den kleinsten unter den anerkannten Planeten, oder an der *Ceres*, die mit 768 Kilometern als der grösste der Kleinplaneten, Planetoiden, Asteroiden gilt? (Was alles dasselbe ist.)

Die Frage klingt etwa so schlau, als wenn wir uns den Kopf zerbrächen, ob der Brocken im Harz als «der höchste Hügel der Welt» oder besser als «der niedrigste Berg» beschrieben werden sollte. Das ist kein Spott über die Astronomen! Die leuchten nur eine Art der Namensgebung an, mit der wir uns allerorten blamieren; bei den Inseln zum Beispiel. Welche ist die grösste auf Erden?

Grönland, ganz klar – so steht es in allen Nachschlagewerken, so fügen Presse und Fernsehen es jeder Erwähnung dieses Landstücks fast zwanghaft hinzu.

Könnte Grönland aber nicht genauso gut «der kleinste Erdteil» heissen? In der Ausdehnung liegt es ungleich näher an Australien als dieser Kontinent an den Landmassen Eurasien-Afrika-Amerika; keine geographische Vernunft also spräche dagegen, die Inseln entweder schon mit Australien beginnen zu lassen oder erst mit Neuguinea, laut Lexikon der «zweitgrössten Insel der Welt». Historischer Zufall, schiere Willkür und unreflektierte Klassifizierungslust gaukeln uns eine Grenze vor, die uns, auf den Menschen übertragen, vor die Entscheidung stellen könnte, ob wir den da als den kleinsten Riesen oder lieber als den grössten Zwerg der Welt bezeichnen wollen.

Gut, es ist praktisch, die verwirrende Fülle der Dinge und Erscheinungen, die uns umringen, mit Namensschildern zu versehen. Nur fragt sich, ob Grönland etwas verloren ginge, wenn man es als ein grosses, überwiegend vergletschertes Land beschriebe, ohne den schiefen Superlativ, ohne das überschiessende Bedürfnis, Klassen zu schaffen, wo der liebe Gott keine vorgesehen hat, so wenig wie zwischen Planeten und Planetoiden. Doch unerschrocken grübeln die Experten: Ist Sedna unsere neue Schwester im Sonnensystem – oder ist sie ein Bastard, den wir zum «grössten aller Kleinplaneten» degradieren sollten?

Wo schon konkrete Dinge uns derart zu schaffen machen, brauchen wir uns nicht zu wundern, wenn etwas Ungreifbares wie «der Frühling» unsere Sprache überfordert – genauer: die Anmassung demonstriert, mit der wir versuchen, der Wirklichkeit unsere Begriffe aufzuzwingen. Hat denn die Natur eine Zäsur vorgesehen am 21. März, wenn Kalendermacher und Journalisten den Frühling ausrufen, oder am 1. März, wenn – befremdlich genug – die Meteorologen ihn beginnen lassen? Natürlich nicht.

Sähe ein unverbildeter Mensch sich veranlasst, das Jahr in Perioden einzuteilen, so würden ihm wahrscheinlich am ehesten zwei einfallen: Warmzeit und Heizzeit oder Laubzeit und Kahlzeit. Doch *vier* sollen es sein, und Grenzen sollen sie haben! Da müssen wir dann im Fernsehen hören: «Drei Tage nach Frühlingsanfang ist der Winter noch einmal zurückgekehrt.» Es hat also geschneit Ende März, das ist nicht selten, und mehr war eigentlich nicht zu sagen. Aber die Wirklichkeit so beschreiben, wie sie ist, das wollen wir nicht; lieber benutzen wir unser Kunstwort «Winter» dazu, unser Kunstwort «Frühling» zu ohrfeigen und das Wetter gleichsam dafür zu tadeln, dass es sich unseren Begriffen verweigert.

Bis hierher mag man unseren manchmal kindischen Umgang mit den Wörtern noch als Gesellschaftsspiel durchgehen lassen. Doch macht der sogenannte Frühling überdeutlich, wie leichtfertig wir überhaupt mit der Sprache hantieren, ja wie sehr der Aberglaube an die gestaltende Macht des Wortes uns durchdrungen hat. Wenn es nicht um Schnee geht, sondern um die Leitvokabeln der politischen Debatte und unseres Selbstverständnisses, so folgt aus dem Götzendienst am Wort oft Selbsttäuschung und Vernebelung.

Daher hat diese Sprachlese versucht, einige Schlüsselbegriffe zu reinigen, in den Nebel Definitionen vorzutreiben und vom Gebrauch mancher Kultwörter schlechthin abzuraten. Heilige Kühe hat sie geschlachtet wie die Gesundheit, die Besinnlichkeit, die Selbstverwirklichung; die Lüge, den Neid, das Vorurteil hat sie aus der Schmuddelecke geholt, ein paar noble Begriffe wie den Mut, die Brüderlichkeit, den Pazifismus seufzend zu Grabe getragen – immer der Frage auf der Spur: Muss denn ein Wort etwas bedeuten, bloss weil die Sprachgemeinschaft es im Munde wälzt, und muss es eben das bedeuten, was unseren Ahnen 1847 oder 1947 dazu eingefallen ist? Dann und wann sollten wir die Sprachgruft lüften und die Wortmumien ins Museum verfrachten, ehe sie in Verwesung übergehen. «Je näher man ein Wort anschaut», sagt Karl Kraus, «desto ferner schaut es zurück.» Ja, und das tut gut, ihm und uns.

Wie wir Begriffe prägen

Wir plappern wie die Papageien

Wie haben sie ihre Warnung vor dem naiven Glauben an den Begriff begründet, die grossen Geister, in deren Fussstapfen dieses Buch zu treten sucht? Wer hat damit begonnen, unserer Begriffsbildung zu misstrauen und ihre oft schwindelerregende Methodik auszuleuchten? *Zenon der Jüngere* (324–262 v. Chr.), der Begründer der Stoischen Schule, hat in seinen hinterlassenen Fragmenten darauf hingewiesen, dass *Allgemeinbegriffe*, selbst wenn sie Konkretes zu bezeichnen scheinen wie «Pferd», nur im Geist und in der Sprache existieren, zur Wirklichkeit also in einem ungeklärten Verhältnis stehen. («Allgemeinbegriffe» oder «Universalien» sind die klassischen Wörter für das, was wir heute eher *Oberbegriffe* oder *Gattungsnamen* nennen.)

Es waren drei Theologen des Mittelalters, die diesen Gedanken weiterführten und der modernen Sprachwissenschaft den Weg bereiteten. Der französische Scholastiker *Johannes Roscelinus* (etwa 1050 bis 1125) spitzte Zenons Gedanken zu der These zu, die Allgemeinbegriffe seien blosse vom Menschen erdachte Bezeichnungen für ähnliche Gegenstände, keine Sachen also, sondern nichts als Namen, *flatus vocis*, was man mit Stimmhauch oder mit Stimmblähung übersetzen kann. Für seinen Versuch, daraus eine Konsequenz zu ziehen, wurde Roscelinus im Jahr 1092 als Ketzer verurteilt und zum Widerruf gezwungen: Er hatte verkündet, die göttliche Dreifaltigkeit sei *ein* Wort für *drei* Substanzen.

Der französische Dominikaner *Durandus de St. Pourçain* (gestorben 1334) ergänzte diese Lehre um die Aufforderung zur Sprach-Ökonomie: «Non sunt multiplicanda entia praeter necessitatem», lehrte er – die Zahl der *entia* (Dinge, Einheiten, Begriffe) nicht ohne Not vermehren. Erst der englische Franziskaner *William Occam* (1285–1349) machte diese Richtschnur unter Theologen und Philosophen bekannt und verfocht sie so hartnäckig, dass sie in der Fachwelt als «Occams Rasiermesser» sprichwörtlich geworden ist. Der wählerische Umgang mit den Wörtern sei um so dringlicher, als die Allgemeinbegriffe nur in der Seele und nicht in der Sache lägen, sagt Occam; sie seien Zeichen, Konventionen, Denkstützen, vielleicht Fiktionen, denen in der Wirklichkeit nichts entsprechen müsse. Ihren wirklichen Inhalt könne nur Gott erkennen (ein Satz, mit dem der Autor völlig einverstanden ist). Die Kirche witterte Gefahr. Vom Papst verfolgt, ging Occam nach München ins Exil, wo er auch begraben liegt.

Roscelinus, Durandus und Occam hatten das meiste gesagt – und sogleich dafür bezahlen müssen in einer Zeit, in der keiner ungestraft blieb, der der Kirche das Monopol über die Deutung der Begriffe streitig machen wollte. Alle, die nach ihnen davor warnten, von den Blähungen unserer Stimme allzu sehr beeindruckt zu sein, hatten keine Verfolgung mehr zu leiden; aber sie unterliessen auch jeden Angriff auf den zeitgenössischen Sprachgebrauch.

Francis Bacon, Lordkanzler, Philosoph, brillanter Essayist (und einer der vielen, die als «wahre» Urheber von Shakespeares Dramen gehandelt werden), schrieb 1620 in seinem «Novum Organum», einem ehrgeizigen, aber fragmentarischen Versuch der Erneuerung aller Wissenschaften: Der Erkenntnis stünden vier *idola* entgegen (Schattenbilder, Trugbilder, Götzenbilder, Gespenster). Das lästigste davon seien die *idola fori*, die Trugbilder des Marktes – der öffentlichen Meinung also, wie wir wohl sagen würden.

Auf dem Marktplatz regiere das Bestreben, die Erkenntnis nicht aus Erfahrung zu gewinnen, sondern aus leeren oder unklaren Begriffen der Alltagssprache, führte Bacon aus. So würden Trugbilder in den Geist geschoben: «die Namen von Dingen, die es nicht gibt – denn so, wie es Dinge gibt, die aus Achtlosigkeit keinen Namen bekommen haben, so gibt es Namen, mit denen die Philosophie uns täuscht und denen der Gegenstand fehlt». Die Wörter seien aus vulgärer Weltsicht entstanden und teilten die Dinge rücksichtslos nach jenen Zielen ein, die dem vulgären Verstand einleuchteten. Wenn ein schärferer Intellekt dies ändern wolle, «so schreien die Worte dagegen an». Die Menschen glaubten, dass ihr Geist dem Wort gebiete; «aber oft kehren die Wörter ihre Kraft gegen den Geist um». Also, schliesst Bacon, müsse den Trugbildern mit feierlichem Entschluss aufgekündigt werden; auf einer Kritik der Begriffe ruhe die grösste Hoffnung derer, die erkennen wollten.

Goethe zählte Bacons Lehre, dass «die Worte dem Verstande Gewalt antun», zu den prägenden Einflüssen seines Denkens, und auf S. 160 ist nachzulesen, welchen Niederschlag dieser Einfluss in seinem Werk gefunden hat. Doch noch vor Goethe hatten Descartes und Locke das Ihre hinzugetan, um den einst selbstverständlichen Denkansatz umzustülpen, dass die Wörter ein Spiegel der Wirklichkeit seien, ja mehr Wahrheit enthielten als die Dinge.

René Descartes begründete in drei Werken seine Lehre von der Notwendigkeit des universalen Zweifels, am ausführlichsten 1644 in seinen «Prinzipien der Philosophie». Unsere Irrtümer, schrieb er, entsprängen vor allem vier Quellen: den Vorurteilen, die uns in der Jugend eingeflösst würden; unserer Unfähigkeit, diesen Vorurteilen als Erwachsene zu entrinnen; der Gewohnheit, sogar unsere Sinneseindrücke nach vorgefassten Meinungen zu beurteilen – und unserer Neigung, unsere Vorstellungen in Worten festzuhalten, die den Dingen nicht genau entsprächen.

Mit einer Klarheit und einer Vehemenz, die bis heute nicht übertroffen worden sind, räumte schliesslich *John Locke* 1690 in seinem Hauptwerk «Über den menschlichen Verstand» 165 Seiten lang mit dem Aberglauben auf, dass Wörter eine klare Beziehung zur benannten Sache hätten oder dass es den Menschen ein heiliges Anliegen wäre, von ihren Wörtern einen kundigen und fairen Gebrauch zu machen. Es sei eine Unsitte, «die Wörter auf Treu und Glauben hinzunehmen», schrieb er. Kinder erlernten die Wörter grösstenteils, ehe ihnen die Ideen bekannt seien, die dahinter stünden. «So kommt es, dass etliche Leute, auch Erwachsene, eine Reihe von Wörtern in derselben Weise aussprechen wie Papageien, nämlich nur weil sie sie erlernt haben und ihnen die betreffenden Laute geläufig sind.»

Da waltete dieselbe Unerschrockenheit, mit der der grosse Philosoph die Niedrigkeit des menschlichen Charakters zur Grundlage seiner Staatslehre machte. Ein Jahr vor seiner Untersuchung über den menschlichen Verstand, 1689, hatte er seinen «Brief über Toleranz» und seine zwei Abhandlungen über die Regierung veröffentlicht. Wenn der Mensch schlecht ist, argumentierte Locke (und er ist schlecht), dann können die Könige davon nicht ausgenommen sein. «Fürsten sind anderen Menschen von Geburt zwar *an Macht* überlegen, aber in ihrer Natur gleich», schrieb er. «Weder das Recht noch die Kunst des Regierens ziehen notwendig die sichere Kenntnis anderer Dinge nach sich, am wenigsten die der wahren Religion.» Umgekehrt: Ein absoluter Herrscher neige zu Unterdrückung und Gewalttätigkeit. Deshalb dürfe der *Vollstrecker* der Gesetze nicht zugleich die Macht haben, die Gesetze zu *erlassen* – diese Macht müsse bei einer anderen Institution liegen, dem vom Volk gewählten Parlament. Nur dann sei gewährleistet, dass kein Mensch «dem unbeständigen, ungewissen, unbekannten, eigenmächtigen Willen eines anderen Menschen unterworfen» sei.

Das war die Theorie der Gewaltenteilung (der Montesquieu als dritte Gewalt die Judikative hinzufügte), und es war der theoretische Unterbau der amerikanischen Unabhängigkeitserklärung von 1776 und später der amerikanischen Verfassung: Da der Mensch schlecht ist, sind auch die Regierenden schlecht – also müssen sie kontrolliert werden. Durchdrungen von der Niedrigkeit des Menschen, ersann Locke jenes Staatsprinzip, das uns vor eben dieser Niedrigkeit schützt und uns so die bürgerlichen Freiheiten garantiert.

Während aber Lockes Staatslehre einen Triumphzug um die ganze Erde angetreten hat, ist seine Sprachphilosophie so gut wie folgenlos geblieben; ja erst lange nach ihm haben Wortfetische ihre ganze politische Brisanz bewiesen: Freiheit, Gleichheit und Brüderlichkeit, Volk, Nation und Vaterland, Arbeiterklasse und Selbstbestimmungsrecht, soziale Gerechtigkeit und Wohlstand für alle.

Warner hat es auch später gegeben, *Nietzsche* war der gründlichste unter ihnen: «Sobald die Menschen sich zu verständigen und zu einem Werk zu vereinigen suchen», schrieb er, «erfasst sie *der Wahnsinn der allgemeinen Begriffe*, ja der reinen Wortklänge»; der Mensch sei «der Sklave der Worte». (Ein Auszug aus der Fülle seiner Einsichten auf S. 161.)

Artikuliert hat sich das Misstrauen auch seitdem immer wieder; bewirkt hat es nichts. Wortballons anzustechen ist keineswegs jener Volkssport geworden, der es sein sollte. Am Anfang müsste natürlich der Verdacht stehen, dass viele hochangesehene Begriffe nichts als warme Luft enthalten. Solcher Verdacht aber hat es schwer, sich gegen die grosse Kunst, die hohe Künstlichkeit der Begriffsbildung durchzusetzen: gegen das Abstrahieren und Klassifizieren, das Personifizieren und Hypostasieren, dem wir die Aufschwünge des Geistes ebenso verdanken wie die Bauchlandungen des Wortaberglaubens.

Wo ist der Wind, wenn er nicht weht?

Das ungeheure Wagnis, sich Begriffe auszudenken, haben unsere steinzeitlichen Ahnen sich durch zwei Methoden erleichtert, denen auch wir noch arglos anhängen: durch die Vermenschlichung oder *Personifizierung* und durch die Verdinglichung oder *Hypostasierung*.

Da ist das *Echo*. Ein Zwerg, meinen viele Kinder: tückisch oder übermütig wirft er ihre Rufe zurück. Dies scheint die leichteste, oft die einzige Form zu sein, in der das kindliche Gemüt den akustischen Schabernack mit seinem Weltbild versöhnen kann. Und merkwürdig: Solche Kinder wissen natürlich nichts von der griechischen Mythologie; sie haben die Nymphe Echo, die nur als Stimme in den Schluchten hauste, ahnungslos von neuem ersonnen.

Da hat man nicht viel Mühe, ihnen das Weihnachtsfest als die huldreiche Veranstaltung von Christkind oder Weihnachtsmann nahezubringen, und dass beide sich zumeist im Verborgenen halten, ganz wie Zwerg «Echo», irritiert kleine Kinder nicht – denn nichts ist dem erwachenden Verstand gemässer, als in den Naturerscheinungen und allen Wechselfällen des Lebens Götter, Geister, Gnome, Elfen, Feen und Wichtelmänner unsichtbar am Werk zu wissen.

Die Welt wird personifiziert, genauer: zwischen Personen und Gegenständen wird nicht unterschieden, «Sachen» in unserer kalten Bedeutung gibt es nicht, nicht einmal Rätsel; Zwerg Echo erklärt genug. Alles, was wir aus den Mythen der Völker wissen und an unseren Kindern registrieren können, legt die Vermutung nahe: Die ersten Substantive der Sprache waren Eigennamen für die Dämonen, als die man Dinge, Abläufe und Zustände wahrnahm; und viele dieser Namen, nicht nur Echo, sind noch im Gebrauch.

Wo neue hinzukommen – und das geschieht mit ungebrochenem Eifer –, enthalten sie zwar zumeist ein spielerisches Element und werden insoweit von der Stilistik als *Allegorien* eingestuft: Dass *Mutter Erde* und *Vater Rhein*, dass *Uncle Sam* und der *Deutsche Michel* keine wirklichen Personen sind, das wissen wir schon, anders als das Kind beim Echo; und niemand glaubt, «der Augenblick» sei ein Lebewesen, bloss weil Faust ihn mit «du» anredet («Verweile doch, du bist so schön»). Aber sind uns die Grenzen immer klar?

Teils rumoren in fadenscheiniger Tarnung Kobolde durch die Alltagssprache, die zwar kein Unheil stiften, uns durch ihren steinzeitlichen Hintergrund aber doch gelegentlich erschrecken sollten: *der Berg*, wenn er nach

Luis Trenker *ruft*; die *Todesopfer*, die ein Flugzeugabsturz im Journalistenjargon zu *fordern* pflegt – obwohl zum Einfordern von Opfern der Moloch gehört, der sie zu verspeisen wünscht wie Baal im alten Karthago.

Teils schleppen wir überdies solche Personifizierungen mit, die ihre Verwandtschaft mit dem Weihnachtsmann so wenig verleugnen können wie wir unsere Nähe zu dem Kind, das an ihn glaubt: *Vater Staat* zum Beispiel und *der Staat* oder *die Gesellschaft* auch dann, wenn wir das menschliche Beiwort unterdrücken. «Im Vulgärglauben ist der Staat, noch mehr als je ein König der Vorzeit, zum unerschöpflichen Spender aller Güter geworden, der Staat wird angerufen, verantwortlich gemacht, angeklagt usw. Die Gesellschaft wird zum Range eines obersten ethischen Prinzips erhoben, ja man traut ihr sogar schöpferische Fähigkeiten zu.» C. G. Jung hat das 1957 geschrieben – und hat er nicht recht?

Wobei *der Staat* sich, wie viele Begriffe, auf der Grenze zwischen Vermenschlichung und dem anderen urtümlichen Mittel der Begriffsbildung bewegt: der Verdinglichung oder *Hypostasierung*. Neben die noch verhältnismässig leicht fassbare Tendenz der Sprache, hinter Dingen und Abläufen *Personen* zu sehen, tritt die schwerer durchschaubare Neigung, Abläufe, Zustände, Eigenschaften oder blosse Vorstellungen zu *Dingen* zu verdichten.

Den *Winter* etwa (der uns schon im Reinigungsversuch 26 frösteln machte). Mit offensichtlicher Willkür sägen wir aus der kälteren Jahreszeit ein dreimonatiges Stück heraus und geben ihm einen Namen. Wir könnten es auch bleiben lassen: Die Auskunft «Kalt heute» oder «Es schneit» oder «Noch mindestens zwei Monate, bis die Bäume Blätter kriegen» würde völlig genügen. Ja, «Winter» ist handlicher, und das Jahr in vier Jahreszeiten einzuteilen dient unserem Vergnügen, dem Chaos der Aussenwelt unseren Vorrat an Schubladen entgegenzuhalten. Aber warum irritiert es uns so wenig, dass wir über die von uns gezogenen Grenzen mehrmals jährlich stolpern? Über die Wirklichkeit ziehen wir mit dem Hochmut des Begriffsbesitzers her, der von der Natur erwartet, dass sie sich nach unseren Worten richtet – bis zu dem Punkt, dass wir aus der Existenz der Floskel «Weisse Weihnachten» aller Lebenserfahrung zuwider folgern, dafür spreche eine gewisse Wahrscheinlichkeit, ja darauf hätten wir eine Art Anrecht.

Wenn wir «den Winter zurückkehren» lassen, haben wir die Hypostasierung nackt: Wer oder was soll das sein, der oder das da seine Rückkehr in Szene setzt? Ja, ein «er» am liebsten, ein Sprung in die Vermenschlichung zurück! Über den Rückzug der deutschen Truppen vor Moskau im Dezember 1941 sagte Churchill, Stalin habe «den General Winter» zum Verbündeten. Die *Deutsche Presseagentur* sprach dem Winter im Dezember sogar einen Willen zu: «Der Winter wollte am Montag offenbar nachholen, was er in den letzten Jahren versäumt hat»;

während die *Süddeutsche Zeitung* ihm an einem 11. März den Vorwurf machte: «Der Winter will sich partout nicht aus Deutschland verabschieden» (warum auch, in unserer Schublade hatte er noch zehn Tage lang Platz).

Ein wollender Winter ist zwar Unsinn, aber die Leute mögen das. Wir haben in unserer Muttersprache nun einmal ein «Abkommen» darüber geschlossen, wie die Wirklichkeit begrifflich zerlegt werden soll, sagt der amerikanische Sprachforscher Benjamin Lee Whorf, und Regelverletzungen passen uns nicht. Die Sprachen «zerschneiden die Natur, damit jene Elemente entstehen, aus denen sie die Sätze aufbauen», schreibt Whorf. «Dieses Zerschneiden ergibt die Wörter im Lexikon (...), mit deren Hilfe wir den Brocken unserer Erfahrung ein halbfiktives, isoliertes Dasein zuschreiben. Himmel, Hügel, Sumpf verführen uns dazu, irgendeinen ungreifbaren Aspekt der unendlich mannigfaltigen Natur wie ein abgesondertes Ding, ungefähr wie einen Tisch oder einen Stuhl zu betrachten. Wir denken über die Welt so, als wäre sie eine Kollektion von gesonderten Dingen und Vorgängen, die unseren Wörtern entsprechen (...) Wir projizieren die Bedingungen unserer jeweiligen Sprache auf das Universum und *sehen* sie dort.»

Verlassen wir den Umkreis des Greifbaren, so steigern sich Willkür und Verworrenheit. Wo ist *der Wind*, wenn er nicht weht? Er ist im Lexikon. Es gibt keinen «Wind» über das jeweilige Wehen hinaus; während wir jedoch den Satz «Das Wehen weht» als töricht erkennen, glauben wir mit der Zwillingsprägung «Der Wind weht» eine Aussage gemacht zu haben. Ausgesagt haben wir indessen lediglich, dass indogermanische Sätze Subjekte und Prädikate brauchen und dass die Realität uns dabei wenig kümmert.

Mehr noch als die abstrakten Oberbegriffe überhaupt haben die mutwilligen Vergegenständlichungen Misstrauen und Spott auf sich gezogen. 1764 fragte Voltaire: «Diese Blume wächst; doch wo gibt es ein wirkliches Wesen, das *Wachstum* heisst? Dieser Körper stösst einen anderen fort – allein wo hat er ein deutliches Wesen namens *Kraft* an sich? (…) Würdest du nicht einen Neunmalklugen auslachen, welcher dir sagte: ‹Alle Tiere leben, ergo gibt es in ihnen ein Ding, ein Wesen an und für sich, welches *das Leben* ist›?» 1795 spottete Schiller: «Wer Metaphysik studiert, weiss, dass das Nasse feuchtet und dass das Helle leuchtet.» 1901 spottete Fritz Mauthner, das Wort *Sprachvermögen* sei eine «unnatürliche Abstraktion», nicht wirklichkeitsnäher, als wenn man die Fähigkeit, Briefe auszutragen, zur «Briefträgerei» abstrahiere.

1963 spottete Konrad Lorenz, ein Wort wie *Selbsterhaltungstrieb* schaffe über unsere Motive so viel Klarheit, als wenn wir die Tatsache, dass ein Auto fährt, einer «Automobilkraft» zuschreiben würden; und im selben Jahr Heinrich Böll: «Mir brach während der Predigt der Schweiss aus (…) Dass das Seiende sei und das Schwebende schwebe – mir wird angst, wenn ich solche Ausdrücke höre.» Und wie steht es mit *dem Unbewussten* – ist es eigentlich ein sinnvolleres Wort, als es «das Unmögliche» wäre?

Seit einem Vierteljahrhundert spreizt sich *die Betroffenheit*, als wäre sie etwas zum Anfassen. Unausrottbar scheint das Vergnügen, die Wirklichkeit durch Kopfgeburten zu disziplinieren – so, als der *Spiegel* 1995 in eine Grafik schrieb «Vor 2,5 bis 3 Millionen Jahren: Entstehung der Gattung Homo.» Da tat er so, als wäre *die Gattung* eine naturgegebene und klar definierte Sache; als hätte ein Zweibeiner an einem Donnerstag gesagt: «Nun will ich nicht mehr ‹Affe› heissen.»

Nicht «die Gattung Homo» ist entstanden, sondern die Gattung der Paläanthropologen, gierig nach ordnenden Begriffen wie alle Wissenschafter, hat in Afrikas Savannen so lange herumgestochert, bis sie sich auf der Reise durch die Jahrmillionen an einen Affenbrotbaum klammern konnte, auf den sie flugs das Etikett klebte: «Von nun an ist es die Gattung Homo, die in seinem Schatten rastet.» Der Homo hat davon nichts gemerkt, und Affen sind wir, an unserem Erbgut gemessen, zu 98 Prozent heute noch, und die Sprache ist ein ziemlich schrulliger Ordner der Welt.

Abstraktion: vom Reisszweck zur Lebensqualität

Vermenschlichung und Verdinglichung haben beide an einer der erstaunlichsten und heikelsten Leistungen des menschlichen Verstandes mitgewirkt: der *Abstraktion* – der «Abziehung» eines Begriffs von einer Sache, einem Tatbestand oder – und das ist es eben – von einer blossen Vorstellung, einer mehr oder weniger vagen Idee. Die Abstraktionen zimmern uns die Dächer der Begriffe, in deren Schutz wir uns dem Leben gewachsen fühlen. Sie sind Kunstgriffe des Verstandes, mit denen wir die unendliche Fülle der uns umgebenden Objekte «von der Vereinzelung befreien» (Ernst Cassirer).

Da für Griechen und Römer die Göttin des Glücks und das Glück als solches denselben Namen trugen (tyche und fortuna), brauchte nur die Göttin langsam in Vergessenheit zu geraten (wie geschehen), damit *das Glück* als abstrakter Allgemeinbegriff im Wortschatz stand. Die Entpersonifizierung also war ein Weg, zu abstrakten Begriffen zu gelangen. Die Hypostasierung (der Mai, der Wind, der Selbsterhaltungstrieb) ist ohnehin ein Standardfall der Abstraktion.

Was da eigentlich in uns vorgeht, wenn wir abstrahieren, wie tollkühn die Purzelbäume sind, die wir dabei schlagen müssen, ist nichts, was uns beschäftigte oder wovon wir auch nur eine Ahnung hätten. Wenn ein Kind zum erstenmal aus eigenem Antrieb «Vier Nüsse!» ruft und dabei auf eine Haselnuss, eine Walnuss, eine Erdnuss und eine Pistazie deutet – dann hat es eine Hochebene des Sprechens und Denkens erklommen, die nicht nur allen Tieren unerreichbar ist, sondern wahrscheinlich dem Menschen in der längsten Zeit seiner Existenz unvorstellbar war.

Denn vier Nüsse sind, entgegen dem Anschein, *nichts* Konkretes. Schon im Wort «Nüsse» liegt eine Denkleistung: Mit welcher Vollmacht werden hier vier derart verschiedene Baumfrüchte unter das Dach eines gemeinsamen Oberbegriffs geschoben? Und «vier» erst, welcher Hochseilakt! An Äpfeln oder Streichhölzern hat das Kind gelernt, vier Gegenstände zu zählen – «zählen», wie leicht geht uns das Wort von den Lippen, obwohl es doch bedeutet, von den Äpfeln deren Anzahl zu isolieren und schliesslich die Äpfel zu vergessen, die Anzahl aber nicht, damit das Allerabstrakteste, die Zahl, die Vier, auch auf Nüsse, Stöcke, Käfer übertragen werden kann; nach einer stets paraten Theorie, zu deren Höhen manche primitive Völker bis heute nicht vorgestossen sind: Sie können nur eins – zwei – viele oder ich – du – viele zählen.

Auch verwendet das Kind die Zahl irgendwann einmal nicht nur für sichtbare Objekte, sondern überdies für Abläufe in der Zeit: Wenn es «seit vier Tagen» sagt, zählt es mit dem Gedächtnis, wenn es «in vier Tagen» sagt, zählt es mit der Phantasie. Dabei setzen wir den *Tag* als ein Ding dem Apfel gleich – wiederum eine tollkühne Konstruktion: Zählen setzt ja die Existenz mehrerer Objekte voraus. In bezug auf *Tage* ist das eine Unterstellung, die zum Beispiel die Hopi-Indianer, die Lieblinge der amerikanischen Sprachforscher, nicht mitmachen: Der morgige Tag ist für sie kein anderer, sondern der heutige noch einmal, wie ein Freund, der immer wiederkommt, wobei er zwar ein wenig älter wird, ohne indessen je ein zweiter, dritter oder vierter Freund zu werden.

Bei der Abstraktion lassen sich fünf Stufen unterscheiden, in aufsteigender Reihe zu immer grösserer Denk-Artistik, aber auch zu immer fahlerer Gedankenblässe.

1. Abstraktion durch Übertragung: die Metapher, der Bedeutungssprung. Wir *begreifen* dann nicht nur Holz, sondern auch Zusammenhänge; ein *Ausblick* eröffnet sich nicht nur ins nächste Tal, sondern auch ins nächste Jahr; der *Himmel* wird zugleich das Paradies und der Reisszweck, einst der Zielpunkt auf der Schiessscheibe, zum *Zweck* überhaupt. Dieser Schritt ist die älteste und möglicherweise noch heute häufigste Form der Abstraktion. Er wurde und wird uns vor allem dadurch erleichtert, dass der Sprecher kein neues Lautbild zu erfinden, sondern nur ein vorhandenes mit zusätzlichem Sinn zu erfüllen braucht. Von den 26 hier gewaschenen Begriffen gehören dazu der *Fortschritt* und die *Globalisierung*.

2. *Abstraktion durch Verallgemeinerung*, der Bau einer Begriffspyramide. Mein Hund heisst «Wotan», das Wort «Hunde» ist bereits eine Abstraktion: Ich kann es ja nur verwenden, wenn ich von vielen Eigenschaften absehe, die unter allen Hunden allein der Schäferhund und unter allen Schäferhunden allein Wotan besitzt. Es könnte sein, dass jemand den Oberbegriff «Hunde» schlechthin ablehnte, dass er es unzweckmässig oder unzumutbar fände, Bernhardiner und Pekinesen unter demselben Wort zu suchen; so wie wir es heute ablehnen, zur Ordnung der «Primaten» (Herrentiere) ausser Menschen, Affen und Halbaffen auch die Fledermäuse zu zählen, obwohl Linné dies tat.

Wir könnten weitergehen und es uns verbitten, noch immer zusammen mit einem rattengrossen Koboldmaki aus der Unterordnung der Halbaffen in der Begriffsschublade «Primaten» zu stecken. Die Abstraktion durch Verallgemeinerung hat einen tyrannischen Zug – hier bei der *Gleichheit* und der *Norm*. Auch einen komischen: etwa wenn im Wetterbericht Regen und Schnee nur unter dem Begriffsdach der «Niederschläge, die teils als Regen, teils als Schnee fallen,» niedergehen dürfen. Auch die Oberbegriffe *Natur* und *Glück* sind von Komik nicht frei.

3. Abstraktion durch Verknüpfung. Sie geht, wie die Verallgemeinerung, von konkreten Dingen aus, fasst jedoch nicht verwandte, sondern grundverschiedene Elemente zu einem abstrakten Oberbegriff zusammen: Menschen, Kleider, Kerzen, Gebete, Gesänge und ein Bewegungsritual zum Wort *Prozession*; Produktionsmethoden, Besitzverhältnisse und einen Lebensstil zum Wort *Kapitalismus*; eine aggressive Handlung, ihre Motive und das Eintreten des gewünschten Erfolgs zum Wort *Mord* (bei anderen Motiven würde dieselbe Handlung Totschlag, bei Misserfolg Mordversuch heissen). Als abstrakte Verknüpfungen vorgestellt sind hier die *Armut*, die *Freizeit*, die *Lebensqualität*, der *Pazifismus*.

4. Abstraktion durch Isolierung, Absonderung, Vereinzelung. Während die Verallgemeinerung und die Verknüpfung *viele* Objekte unter *ein* Begriffsdach bringen, geht der abstrahierende Verstand hier den umgekehrten Weg: Er trennt von den Äpfeln ihre Anzahl, von Flächen oder Körpern die geometrischen Figuren (Kreis, Dreieck, Kugel), von den Dornen der Rose «das Stechen» ab.

Während auf den drei unteren Stufen der Abstraktion der Begriff Vorbilder oder Anstösse in der Wirklichkeit findet, wie willkürlich die Sprache sie gruppieren mag, wird hier der reine Denkakt vollzogen, das Abziehen und Verselbständigen einer einzelnen Eigenschaft; von den Siegen des Königs *der Ruhm*, von der gerechten Regierung *die Gerechtigkeit*.

Ein grosser Teil unserer Denkleistung, unserer Weltsicht, unserer Kultur besteht im «Erarbeiten solcher Kernwörter», wie der Sprachforscher Leo Weisgerber es nennt, ja mit der Bildung von Begriffen wie *Recht, Schuld, Verantwortung* «vollzieht sich zum guten Teil der Aufbau der Rechtskultur selbst». Die Benennung *schafft* das Benannte – so hier bei der *Gesundheit*, der *Brüderlichkeit*, dem *Mut*.

5. Abstraktion durch äusserste Verdünnung. Die obersten Allgemeinbegriffe und die gewagtesten Isolierungen bilden gemeinsam einen Sprachbereich, aus dem alle Vorstellbarkeit entwichen ist, «das Land der gespenstischen Schemata» nach Nietzsche: Nichts, Leere, Null und Tod, das Wesen, die Grundbefindlichkeit, die Monade (Leibniz), das Ding an sich (Kant), das Umgreifende (Jaspers), das negativ Absolute (Hegel). Es sind Wörter wie Dämpfe oder Spiegelungen, für die der Rat des amerikanischen Sprachforschers Alfred Korzybski gilt: sie stets in «Gänsefüsschen» setzen, damit wir vor Verwendung stutzen. Dasselbe wurde hier empfohlen für die *Freiheit*, die *Gleichheit*, die *Betroffenheit* (viele Wörter auf -heit haben das so an sich), auch für den *Fortschritt* und das *Glück*. «Ich lernte, alles, was leer war, mit Wörtern zu füllen», lässt Peter Handke seinen «Kaspar» sagen. Das Ziel ist erreicht, wenn wir statt der Speisen lieber die Speisekarte essen.

Wie ist das mit der *Liebe*? Was an diesem Wort wäre «natürlich»? Wir unterscheiden doch nach *Geschlechts-*

liebe und *Nächstenliebe*, glauben manchmal an einen Graben zwischen *Sexualität* und *Erotik*, haben die lateinische *caritas* und die griechische *agape* zu bedenken und ebenso *Sadismus* und *Sodomie*, wir finden von Freud alles wieder in den Eintopf der *libido* gerührt, werden durch das Wort *Hassliebe* um die letzte Sicherheit gebracht und müssen bei Nietzsche lesen, dass die Liebe im Grunde «der Urhass der Geschlechter» sei.

Die Klassifizierung

Die Unterteilung der Liebe in Sektoren, die den jeweiligen theologischen, psychologischen und pädagogischen Bedürfnissen am ehesten entsprechen, zeigt, wie die Abstraktion bei ihrem Aufstieg zu immer umfassenderen Oberbegriffen der gegenläufigen Tendenz begegnet: der *Klassifizierung*. Sie ist ebenso beliebt wie die Abstraktion, auch ebenso nützlich und hat ebenso oft verwirrende Konsequenzen. Sie begegnet uns in drei Formen.

Klassifizierungen sind erstens die Stufen der Abstraktionsleiter, nur von oben betrachtet. Wiederkäuer, Nichtwiederkäuer und Schwielensohler bilden die Ordnung der *Paarhufer*; dieser Oberbegriff lässt sich, wen wundert es, genauso nach unten wieder in Klassen teilen.

Klassifizierungen sind zweitens nachträgliche Verfeinerungen dessen, was in eiliger Abstraktion begrifflich zusammengezwungen worden ist: Vermutlich war das

Wort *Baum* früher da als seine Gliederung nach Eichen, Buchen und Linden. Das *Vorurteil*, die *Lüge*, der *Neid*, die *Lebensqualität* sind einer solchen Verfeinerung dringend bedürftig.

Die Klassifizierung bringt drittens nachträgliche Ordnung in das Begriffsdurcheinander, das aus dem Wildwuchs der Sprache folgt: Baum, Strauch und Busch, Mut, Tapferkeit und Kühnheit wuchsen aus verschiedenen Wurzeln aufeinander zu und rufen nun den gliedernden Geist, gleichsam den Platzanweiser auf den Plan. Die Welt wird mit Wörtern *kartographiert*, mit einem Raster überzogen – wobei eine gewisse Chaotik der Benennungen immer noch mehr Ordnung verbürgt als das Chaos unbenannter Erscheinungen.

Aus dem Wort *Rundfunk* sollte nach aller Vernunft die Unterteilung *Hörfunk – Sehfunk* oder *Fernhören – Fernsehen* folgen; aber da der Rundfunk in seiner Frühzeit ein reiner Hörfunk war, ist er vom Hören besetzt und muss dem Sehen eine andere Wortbildung anweisen. *Obst* hiess eigentlich die Zuspeise, die überwiegend aus *Früchten* bestand, kam dadurch diesen sprachlich ins Gehege, überdeckte schliesslich die einheimischen Früchte, jedoch nur sie («Obst *und* Südfrüchte» hiess lange Zeit das Ladenschild) und ist heute der anerkannte Dachbegriff für alle essbaren Früchte, soweit sie nicht *Gemüse* heissen, klassifiziert nach Kernobst, Steinobst, Südfrüchten und noch mehr; auch die Nüsse einbegreifend (obwohl diese kaum einem Deutschen einfallen, wenn er von «Obst» spricht), dagegen die Tomaten ausschliessend, obgleich sie dem Apfel näher sind als dem Spinat. Unsere Lust an der Klassifizierung und die Eignung der Wörter gerade zu diesem Zweck sind eben ungleich höher entwickelt als die Eignung unserer Umwelt, sich klassifizieren zu lassen.

Wehe aber, wenn wir zu den Kampfbegriffen kommen! Jenen Abstrakta, die das Gesellschaftsspiel der Sprache in harte, manchmal weltverändernde Gesellschaftspolitik verwandeln.

Begriffe besetzen – das tückische Gesellschaftsspiel

Die Wörter bleiben – die Bedeutungen verschieben sich. Dies kann absichtslos geschehen, durch ein unbewusstes Kollektivverhalten der Sprachgemeinschaft: *Drogen*, das waren einst Waschpulver und Kamillentee; heute stehen sie allein für Rauschgift (während die Drogerie weiter unangefochten Seife verkauft).

Oder eine Bedeutungsverschiebung wird unauffällig gesteuert von interessierten Kreisen. Als das Deutsche Grundgesetz 1949 *Ehe und Familie* unter den besonderen Schutz des Staates stellte, verstand es unter «Ehe» ganz selbstverständlich nur den staatlich besiegelten Lebensbund zwischen Mann und Frau. In den 1990er Jahren aber wurde «nichteheliche Lebensgemeinschaft» durch höchstrichterliche Entscheidungen, zum Beispiel im Mietrecht, der staatlich anerkannten Ehe weithin gleichgestellt; Jutta Limbach, Präsidentin des Bundesverfassungsgerichts in Karlsruhe, forderte 1995, «Familien» staatlich zu fördern «ungeachtet des Familienstandes ihrer Mitglieder»; und gegenwärtig ist überall im Abendland die staatlich anerkannte gleichgeschlechtliche Lebensgemeinschaft im Vormarsch, noch dazu unter dem Namen «Ehe», was ja nicht zwingend gewesen wäre.

Also: Binnen weniger als 20 Jahren haben zwei Säulen der Gesellschaftspolitik und des öffentlichen Sprachgebrauchs ihre Bedeutung verändert, und zwar durch lautlose Neu-Auslegung der alten Begriffe; sie öffentlich neu zu definieren, dazu hätte es einer verfassungsändernden Zwei-Drittel-Mehrheit im deutschen Bundestag bedurft. Die grossen Umwälzungen, sagt Nietzsche, schleichen auf Taubenfüssen heran.

Da sie sich fast unhörbar vollziehen, sind solche Revolutionen schwerer aufzuhalten als die dritte, die proklamierte, die offensive Art der Bedeutungsverschiebung: die durch Prediger, Revoluzzer, Utopisten. Sie handeln nach dem ungeheuerlichen Satz, den Karl Marx mit 27 Jahren in seiner «Deutschen Ideologie» formulierte: Der richtig definierte Kommunismus sei «ein Ideal, wonach die Wirklichkeit sich zu richten haben wird». Die Realität soll sich dem anpassen, was Marx über sie gesagt hat und noch zu sagen gedenkt.

Bis zu einem erstaunlichen Grad hat er das erreicht – war doch, nach Dürrenmatt, die Russische Revolution «eine Tat von Intellektuellen, die ein politisches Gebilde so lange umkneteten, bis es angeblich ihren Begriffen entsprach». Erfolg hatte Marx vor allem mit drei Methoden.

Die eine war die mutwillige Bedeutungsverschlechterung, vollzogen 1849 in dem Aufsatz «Lohnarbeit und

Kapital. Als Marx darin zum ersten Mal auf den *Gewinn* zu sprechen kommt, schreibt er wörtlich: «Der Arbeitslohn ist vor allem noch bestimmt durch sein Verhältnis *zum Gewinn, zum Profit* des Kapitalisten.» Man sieht also: Gewinn und Profit werden als austauschbar genommen. Vierzehn Zeilen später jedoch heisst es, der Kapitalist wolle einen Überschuss aus seinen ausgelegten Produktionskosten, «einen Profit» – und weiter nun nur noch «Profit», wenn von der Privatwirtschaft die Rede ist, im Rest dieses Aufsatzes und in Marxens sämtlichen Werken.

Wir sind also Zeugen, wie ein Journalist zwei Wörter von bis dahin gleicher Bedeutung und Färbung selbstherrlich auseinanderdividiert und eines von ihnen vergiftet. Warum hat er das gemacht? Nun: Gewinn muss sein, man kann ihn nicht aus der Welt schaffen. Aber Unternehmergewinn soll nicht sein, also muss er geschmäht werden, mit Hilfe des Sprachtricks, eines von zwei bis dahin austauschbaren Wörtern willkürlich, mutwillig vom Neutrum zur Beschimpfung zu verwandeln.

Warum aber musste gerade «Profit» das Schmähwort werden, während der «Gewinn» salonfähig blieb? Das lässt sich nur vermuten. Einem kleinen Gewerbetreibenden den Gewinn sprachlich zu vermiesen, wäre vermutlich schwieriger gewesen, als dasselbe mit dem Profit zu tun, der noch nicht in gleicher Weise eingebürgert war. Am Rande oder unbewusst könnte mitgespielt haben, dass das Wort Profit einen lautlichen Anklang an dem Wort «perfid» besitzt.

Marxens zweite Methode war, in unschuldige Wörter Bedeutung zu blasen, so in die «Klasse»; und die dritte, solche Wörter kämpferisch zusammenzuschmieden: *Arbeiterklasse* und *Klassenkampf, Produktionsverhältnisse* und *Produktivkräfte*. Die sind das «belebende Element der Produktion», das «revolutionäre Element der Entwicklung» – sind die Summe von Werktätigen, Produktionsmitteln und Wissenschaft; diese drei wiederum, Menschen, Geräte und eine abstrakt benannte Zunft, «*fordern* die Produktionsverhältnisse, die ihrem Charakter und ihren Entwicklungsbedürfnissen entsprechen». Man erfinde eine «Kraft» und lasse sie «fordern»: Millionen gibt man damit eine Welterklärung und einigen einen Einblick in die Hexenküche der Verdinglichung. Der Mensch ist erfindsam und die Sprache geduldig.

Es ist natürlich nicht egal, ob wir von Marktwirtschaft oder von Kapitalismus sprechen, von Atommülldeponie oder von «Entsorgungspark», von Einzelhaft oder von «Isolationsfolter» (wie die Terroristen von der Roten-Armee-Fraktion das in den 1970er Jahren durchzusetzen versuchten). Ein politischer Wille versucht das Wort in Umlauf zu bringen, und wenn es geschickt gewählt ist und den Zeitgeist nicht gegen sich hat, dann gilt, was Victor Klemperer über die Nazi-Sprache schrieb: «Worte können sein wie winzige Arsendosen: Sie werden unbemerkt verschluckt, sie scheinen keine Wirkung zu tun, und nach einiger Zeit ist die Giftwirkung doch da.»

Lenin hatte es vorgemacht. Schon 1897 schrieb er, der Sieg hänge davon ab, ob es gelinge, «unter der Arbeiterschaft die richtigen Begriffe zu verbreiten». 1918 dekretierte er: «Die revolutionäre Phrase besteht in der Wiederholung revolutionärer Losungen ohne Berücksichtigung der objektiven Umstände (...) Wunderbare, hinreissende, berauschende Parolen, denen der reale Boden fehlt – das ist das Wesen der revolutionären Phrase.»

Hitlers Propagandaminister Joseph Goebbels gelang es, für den Massenmord an den Juden das Wort «Endlösung» in Umlauf zu setzen und für das Kriegsende den «Endsieg» – eine arglistige Prägung, weil sie die gehäuften Niederlagen der späten Kriegsjahre scheinbar ehrlich einbegriff, sie aber als blosse Stationen auf einem Weg hinstellte, an dessen Ende nur das Siegen stehen könne; und noch mehr: Ein anderes Wort für das Kriegsende war in Deutschland gar nicht in Umlauf, wenigstens bis 1944.

Die DDR denunzierte die Fluchthilfe als *Menschenhandel*, und den Ostblock, der seine Soldaten zum «Hass auf den Klassenfeind» erzog und an seiner Westgrenze die grösste Panzerarmee der Geschichte unterhielt, nannte sie *das Friedenslager*. «Wenn die Wörter und Begriffe mit der Sache, dem Tun und den Verhältnissen, die sie bezeichnen, überhaupt kaum noch zusammenhängen», schrieb Bert Brecht, «so dass man diese letzteren» (die Verhältnisse also) «ändern kann, ohne die ersteren» (die Wörter) «ändern zu müssen …» (und wenn noch vielerlei) – «so kann die Kultur vom Proletariat in demselben Zustand übernommen werden wie die Produktion: in zerstörtem Zustand.»

Die revolutionierenden Studenten schafften es 1968, unter den Deutschen diejenigen Begriffe zu verbreiten, die sie für die richtigen hielten: Auf den hergebrachten Wortschatz schlugen sie mit Keulen ein wie *Konsumterror, Basisdemokratie, verunsichern, antiautoritär*; Wörter von bis dahin unangefochtener Geltung wie *Leistung* werteten sie ab; wo das, wie bei «Recht und Ordnung», schwer gewesen wäre, gelang es ihnen mit *law and order*, der englischen Version; wo sie ein schönes Wort nicht unterkriegen konnten wie «Toleranz», nötigten sie ihm ein schmähendes Beiwort auf wie *repressiv*.

1973 versuchte Kurt Biedenkopf (damals Generalsekretär der CDU, 1990 Ministerpräsident von Sachsen), die sprachliche Wende einzuleiten: Auf dem CDU-Parteitag in Hamburg empfahl er seiner Partei, Wörter wie *Freiheit* oder *Solidarität* solle sie für sich vereinnahmen, um der Opposition die *Wortführerschaft* zu entreissen, sie gleichsam sprachlos zu machen. «Was sich heute in unserem Lande vollzieht, ist eine Revolution neuer Art», führte Biedenkopf aus. «Es ist die Revolution der Gesellschaft durch die Sprache. Statt der Gebäude der Regierung werden *die Begriffe* besetzt, mit denen sie regiert, die Begriffe, mit denen wir unsere staatliche Ordnung, unsere Rechte und Pflichten und unsere Institutionen beschreiben. Der politische Erfolg unserer Partei wird entscheidend davon abhängen, ob es uns gelingt, eine Sprache zu finden und zu praktizieren, die unsere Sprache ist.»

Unter Deutschlands Lehrern ist unterdessen manches von dem populär geblieben, was die «Hessischen Rahmenrichtlinien für das Fach Deutsch» 1972 predigten: dass die Einübung in die Hochsprache die Schüler der Unterschicht nicht daran hindern dürfe, ihre Sozial-Erfahrungen und Interessen wahrzunehmen und zu «versprachlichen»; es gehe nicht an, dass der Schüler gezwungen werde, «seine soziale Identität aufzugeben». In der Zeitschrift *Praxis Deutsch* schrieb noch 1979 ein Hans Joachim Grünwaldt, in den höheren Klassen sollten sich die Schüler folgende Einsichten erarbeiten:

«Durch bestimmte Wörter kann das Denken, Handeln und Fühlen der Menschen entscheidend beeinflusst werden. Man kann die Sprache durch Wortneubildungen und Wortsinn-Umwandlungen so verändern, dass sie die anderen Sprachteilhaber dem eigenen Interesse entsprechend zu beeinflussen vermag.» Die Umwandlung des Wortsinns könne zum einen durch Abgrenzung geschehen – das heisst, der Schüler solle auf einem Wortsinn bestehen, den andere gegen seine Interessen verändern oder verschlechtern wollten; zum anderen durch

Besetzung – das heisst, der Schüler solle den Wortsinn seinerseits verändern, wenn dies seinen Interessen diene, und dabei das Ansehen nutzen, «das ein bestimmtes Wort bei den Sprachteilnehmern hat». So lasse sich eine «Sinnentleerung» des unerwünschten Wortes erreichen.

Nun besteht freilich aller Grund zu der Hoffnung, dass die also aufgeklärten Schüler nicht so wollten, wie, und das nicht schafften, was solche Kämpfer für die Wortsinnmanipulation ihnen nahelegten. Dass die Wörter eine unheimliche Macht über uns haben *können*, heisst nicht, dass sie diese Macht auch haben *müssen*. Wer die Begriffe in seinem Sinn besetzen will, dem mag es am Talent oder am Instinkt für das Machbare fehlen; vielleicht überspannt er den Bogen wie jene Sprachbildner, die den *Entsorgungspark* in die Welt entliessen, oder wie Helmut Kohl, der 1982 «eine geistig moralische Wende» und 1990 der maroden DDR «blühende Landschaften» versprach – beides durchschaubar und längst zum Gespött geworden.

Doch solche Rückschläge, im Prinzip erfreulich, ändern nichts daran, dass Wörter Macht über uns haben können – schöne und hässliche, schiefe und irreführende, gutwillig oder böswillig in Umlauf gesetzt: Signalwörter, Leitvokabeln wie heute die Chancengleichheit und die soziale Gerechtigkeit, die Gesundheit und die Selbstverwirklichung. Wer die Begriffshoheit erobern kann, der hat die Macht schon halb errungen.

Es ist nun einmal so, wie Wilhelm von Humboldt sagte: «Der Mensch lebt mit den Gegenständen hauptsächlich, ja, da Empfinden und Handeln in ihm von seinen Vorstellungen abhängen, sogar ausschliesslich so, wie die Sprache sie ihm zuführt.» Die politisch entscheidende Frage ist nicht, was ein Wort «wirklich» – und ob es überhaupt etwas bedeutet; die Frage ist, wer die Macht hat, es zu definieren.

An dieser Macht zu kratzen, egal, wer sie ausübt, ist der Spass des Autors und der Zweck des Buches. An die Leser richtet es den Appell: Hört ihr ein abstraktes Substantiv, so wappnet euch mit Skepsis – zumal wenn das Wort der Grundstein eines Lehrgebäudes ist oder einer Wahlkampagne voranflattert, also euch zu einem bestimmten Verhalten anstiften will. Wer immer behauptet, ein solches Abstraktum habe einen «Sinn» – und gar noch den, den sein Verwender propagiert: Der komme und weise es euch nach. So vernünftig, sagt Golo Mann – «so vernünftig ist die Welt nicht, dass sie sich in ein Begriffsspiel auflösen liesse. Sie ist nicht dafür da, dass einer Recht behält».

Die Grossmeister des Misstrauens

Locke: Wörter als Zeichen von nichts

Auszüge aus dem III. Buch von Lockes Untersuchung «Über den menschlichen Verstand» (1690), das die Überschrift «Von den Wörtern» trägt. (Hinter dem Zitat jeweils Kapitel und Paragraph.)

Es ist offensichtlich, dass der Geist nach freier Wahl eine gewisse Anzahl von Ideen miteinander verbindet, die in der Natur ebenso wenig eine Einheit bilden wie andere, die er übergeht. *(V, 6)*
Bildet wohl einer unter tausend je die abstrakten Ideen *Ruhm* und *Ehrgeiz*, ehe er ihre Namen gehört hat? *(V, 15)*
Wir benötigen Allgemeinbegriffe zur sofortigen Verwendung; deshalb warten wir nicht die vollständige Ermittlung aller derjenigen Qualitäten ab, die uns die Unterschiede und die Berührungspunkte *am besten* erkennen lassen würden. *(VI, 30)*
Wieviele Trugschlüsse und Irrtümer (…) gehen auf Kosten der Wörter und ihrer unsicheren oder missverstandenen Bedeutung! (…) Bisher hat man dieses Hindernis so wenig als Übelstand erkannt, dass man vielmehr die Kunst, es zu vergrössern, zum Gegenstand menschlichen Studiums gemacht hat, und diese Kunst hat manchem

den Ruf der Gelehrsamkeit und des Scharfsinns eingetragen. *(IX, 21)*

Da die Menschen seit frühester Kindheit daran gewöhnt wurden, Wörter zu erlernen, ehe sie die komplexen Ideen kannten, mit denen diese Wörter verknüpft waren, verfahren sie meist ihr ganzes späteres Leben ebenso. Sie verwenden ihre Wörter für die schwankenden und verworrenen Vorstellungen, die sie besit- zen (…) Sie greifen die Wörter auf, die ihre Nachbarn benutzen; damit es nicht so scheine, als wüssten sie nicht, was die Wörter bedeuten, verwenden sie sie zuversichtlich (…) Daraus entspringt, neben der Bequemlichkeit des Verfahrens, der Vorteil, dass sie (…) zwar einerseits selten im Recht sind, andererseits aber ebenso selten davon überzeugt werden können, dass sie unrecht haben: Denn wenn man Menschen ohne feste Begriffe von ihren Irrtümern zu befreien sucht, so ist das, als wollte man einen Landstreicher aus einem festen Wohnsitz jagen. *(X, 4)*

Ein weiterer arger Missbrauch der Wörter besteht darin, dass man sie *für die Dinge ansieht*. *(X, 14)*

Nun ist es offensichtlich völlig unsinnig, Begriffe für Ideen zu verwenden, die wir nicht besitzen, oder (was das gleiche ist) für Wesenheiten, die wir nicht kennen; weil das darauf hinausläuft, die Wörter zu Zeichen von nichts zu machen. *(X, 21)*

Lessing: Grübeln hilft

Wortgrübelei! wird man sagen. Wer mit Wortgrübelei sein Nachdenken nicht anfängt, der kommt nie damit zu Ende.
Lessing, Über eine Aufgabe im «Teutschen Merkur» (1776)

Lichtenberg: Die Welt kann wegrücken

Die Natur schafft keine *genera* und *species*, sie schafft *individua*, und unsere Kurzsichtigkeit muss sich Ähnlichkeiten aufsuchen, um vieles auf einmal behalten zu können. Diese Begriffe werden immer unrichtiger, je grösser die Geschlechter sind, die wir uns machen.
Sudelbücher, Heft A, 17; 1. Band, München 1968, S. 13

Man muss zuweilen wieder die Wörter untersuchen, denn die Welt kann wegrücken, und die Wörter bleiben stehen.
Sudelbücher, Heft G, 68; 2. Band, München 1971, S. 146

Unsere ganze Philosophie ist Berichtigung des Sprachgebrauchs.
Sudelbücher, Heft H, 146; 2. Band, S. 197

Was würde das für ein Gerede in der Welt geben, wenn man durchaus die Namen der Dinge in Definitionen verwandeln wollte!

Sudelbücher, Heft J, 1806; 2. Band, S. 327

Deswegen schliess ich mit einer Regel, die, glaube ich, nie schaden und sehr oft nutzen kann und die ich von dem grössten Nutzen befunden habe: An nichts muss man mehr zweifeln als an Sätzen, die zur Mode geworden sind.

An F. F. Wolff, 6.1.1785; in: Briefe, München 1967, S. 604

Herder: Im Taumel der Wortschälle

Keine Sprache drückt Sachen aus, sondern nur Namen, auch keine menschliche Vernunft also erkennt Sachen, sondern sie hat nur Merkmale von ihnen, die sie mit Worten bezeichnet; eine demütigende Bemerkung, die der ganzen Geschichte unseres Verstandes enge Grenzen und eine sehr unwesenhafte Gestalt gibt.

Ideen zur Philosophie der Geschichte der Menschheit, II, 9, 2 (1785)

Schrecklich ist's, wie fest der Wahn an Worten haftet, sobald er ihnen einmal mit Macht eingeprägt wird (...) Zu unseren Zeiten haben wir's erlebt, was die Wortschälle Rechte, Menschheit, Freiheit, Gleichheit bei einem lebhaften Volk für einen Taumel erregt; was in und ausser seinen Grenzen die Silben Aristokrat, Demokrat für Zank und Verdacht, für Hass und Zwietracht angerichtet haben. Zu anderen Zeiten war es das Wort Religion, Vernunft, Offenbarung, seligmachender Glaube, Gewissen (…) Unschuldige Farben, die grünen und blauen, die schwarzen und weissen, Losungsworte, mit denen man keinen Begriff verband, Zeichen, die gar nichts sagten, haben, sobald es Parteien galt, im Wahnsinn Gemüter verwirrt, Freundschaften und Familien zerrissen, Menschen gemordet, Länder verheeret (…), so dass man ein Wörterbuch des Wahnes und Wahnsinnes der Menschen daraus ziehen und dabei oft die schnellsten Abwechslungen, die gröbsten Gegensätze bemerken würde.

Briefe zur Beförderung der Humanität, IV, 46 (1794)

Novalis: Der lächerliche Irrtum

Das rechte Gespräch ist ein blosses Wortspiel. Der lächerliche Irrtum ist nur zu bewundern, dass die Leute meinen, sie sprächen um der Dinge willen. Gerade das Eigentümliche der Sprache, dass sie sich bloss um sich selbst bekümmert, weiss keiner.

Novalis, Monolog über die Sprache (1798)

Goethe: Was man hört, das denkt man sich

Zweimal durch Mephistos Mund, einmal unübertrefflich direkt hat Goethe die Einsicht bekundet, dass die Menschen dazu neigen, Wörtern Bedeutungen zuzusprechen, bloss weil sie vorhanden sind.

Mephisto in Faust I, Hexenküche:
Gewöhnlich glaubt der Mensch,
wenn er nur Worte hört,
Es müsse sich dabei doch auch was denken lassen.

Mephisto in Faust I, Studierzimmer:
Im ganzen – haltet euch an Worte!
Dann geht ihr durch die sichre Pforte
Zum Tempel der Gewissheit ein.
(Schüler: Doch ein Begriff muss bei dem Worte sein.)
Schon gut! Nur muss man sich nicht allzu ängstlich quälen;
Denn eben wo Begriffe fehlen,
Da stellt ein Wort zur rechten Zeit sich ein.
Mit Worten lässt sich trefflich streiten,
Mit Worten ein System bereiten,
An Worte lässt sich trefflich glauben,
Von einem Wort lässt sich kein Jota rauben.

Dichtung und Wahrheit, 19. Buch:
Das Wort *Genie* ward eine allgemeine Losung, und weil man es so oft aussprechen hörte, so dachte man sich, das, was es bedeuten sollte, sei gewöhnlich vorhanden.

Nietzsche: Jedes Wort ist ein Vorurteil

Jeder Begriff entsteht durch Gleichsetzen des Nichtgleichen. So gewiss nie ein Blatt einem andern ganz gleich ist, so gewiss ist der Begriff ‹Blatt› durch (…) ein Vergessen des Unterscheidenden gebildet (…) Das Übersehen des Individuellen und Wirklichen gibt uns den Begriff. Man darf den Menschen wohl bewundern als ein gewaltiges Baugenie, dem auf beweglichen Fundamenten und gleichsam auf fliessendem Wasser das Auftürmen eines unendlich komplizierten Begriffsdoms gelingt.
Über Wahrheit und Lüge im aussermoralischen Sinne

Das Wort «Rache» ist so schnell gesprochen; fast scheint es, als ob es gar nicht mehr enthalten könne als eine Begriffs- und Empfindungs-Wurzel. Und so bemüht man sich immer noch, dieselbe zu finden (…) Als ob nicht alle Worte Taschen wären, in welche bald dies, bald jenes, bald mehreres auf einmal gesteckt worden ist! So ist auch «Rache» bald dies, bald jenes, bald etwas mehr Zusammengesetztes.
Menschliches, Allzumenschliches, II, 33

Jedes Wort ist ein Vorurteil.

Menschliches, Allzumenschliches, II, 55

Wir drücken unsere Gedanken immer mit den Worten aus, die uns zur Hand sind. Oder, um meinen ganzen Verdacht auszudrücken: Wir haben in jedem Momente eben nur den Gedanken, für welchen uns die Worte zur Hand sind, die ihn ungefähr auszudrücken vermögen.

Morgenröte, 257

Dies hat mir die grösste Mühe gemacht: einzusehen, dass unsäglich mehr daran liegt, *wie die Dinge heissen*, als was sie sind (…) Es genügt, neue Namen und Schätzungen und Wahrscheinlichkeiten zu schaffen, um auf die Länge hin neue «Dinge» zu schaffen.

Die fröhliche Wissenschaft, 58

Wollt ihr die besten Dinge zuletzt um alle Ehre bringen, so fahrt fort, sie in den Mund zu nehmen wie bisher! Redet von früh bis Abend von dem Glück der Tugend, von der Ruhe der Seele, von der Gerechtigkeit – so, wie ihr es treibt, bekommen alle diese guten Dinge endlich eine Popularität und ein Geschrei der Gasse für sich; aber dann wird auch alles Gold daran abgegriffen sein, mehr noch: sich in Blei verwandelt haben.

Die fröhliche Wissenschaft, 292

«Die Philosophen (…) erwogen nicht, dass Begriffe und Worte unser Erbgut aus Zeiten sind, wo es in den Köpfen sehr dunkel und anspruchslos zuging (…) Bisher vertraute man im ganzen seinen Begriffen, wie als einer wunderbaren Mitgift aus irgendwelcher Wunder-Welt; aber es waren zuletzt die Erbschaften unserer fernsten Vorfahren (…) Zunächst tut die absolute Skepsis gegen alle überlieferten Begriffe not.
Nachlass, N VII 1

Wir stellen ein Wort hin, wo unsere Unwissenheit anhebt, wo wir nicht mehr weiter sehen können.
Nachlass, N VII 3

Fritz Mauthner: Die Sprache ist ein Gesellschaftsspiel

Die Sprache ist eine Spielregel, die umso zwingender wird, je mehr Mitspieler sich ihr unterwerfen, die aber die Wirklichkeitswelt weder ändern noch begreifen will. In dem weltumspannenden und fast majestätischen Gesellschaftsspiel der Sprache erfreut es den einzelnen, wenn er nach der gleichen Spielregel mit Millionen zusammen denkt. Von starken Naturen, die den Menschenmassen in diesem Weltgesellschaftsspiel die Worte zurufen, wird Geschichte gemacht.
Beiträge zu einer Kritik der Sprache, 3 Bde. (1901), I 25

Ein Kunstwerk kann die Sprache schon darum nicht sein, weil sie nicht die Schöpfung eines Einzigen ist. Sie ist schlechte Fabrikarbeit, zusammengestoppelt von Milliarden von Tagelöhnern. Sie ist geworden wie eine grosse Stadt. Kammer an Kammer, Fenster an Fenster, Wohnung an Wohnung, Haus an Haus, Strasse an Strasse, Viertel an Viertel, und das alles ineinander geschachtelt, miteinander verbunden, durcheinander geschmiert. *(26)*

Wir kommen im praktischen Leben mit den Worten der Sprache so gut aus, dass wir gewöhnlich übersehen, wie unfähig die Sprache ist, ihre letzten Absichten zu erreichen. Jedes einzelne Wort ist geschwängert von seiner eigenen Geschichte, jedes einzelne Wort trägt in sich eine endlose Entwicklung von Metapher zu Metapher. Wer das Wort gebraucht, der könnte vor lauter Fülle der Gesichte gar nicht zum Sprechen kommen, wenn ihm nur ein geringer Teil dieser metaphorischen Sprachentwicklung gegenwärtig wäre; ist sie aber nicht gegenwärtig, so gebraucht er jedes einzelne Wort doch nur nach seinem konventionellen Tageswert. *(108)*

Die Worte, die das Volk sich in seiner Not oder in seinem Aberglauben erfunden hat, werden immer noch so behandelt, als ob das Dasein eines Wortes ein Beweis für die Wirklichkeit dessen wäre, was es bezeichnet. Auch die neuesten Forscher suchen noch die Seele zu definieren, bloss weil das Wort vorhanden ist. *(148, 150)*

Es geht mir bei diesen schlimmen Ahnungen beinahe wie dem Pferd, dem das Fressen abgewöhnt werden sollte. Es starb gerade zu der Zeit, wo es sich das Fressen *beinahe* abgewöhnt hatte. Ich weiss, warum die Sprache ihren Dienst versagt; aber sie versagt ihn trotzdem. *(487)*
Man achte wohl darauf, dass jede einzelne Entdeckung jedesmal und jederzeit wortlos gemacht, erblickt worden ist. Wie jemand, der einen Meteor sieht, die Leute zusammenruft und es ihnen erzählt, seine Schrecken beschreibt und eine Hungersnot prophezeit. Das Überflüssige und Sinnlose fasst er in Worte. Als er das Neue sah, hat er das Maul gehalten. *(591)*

Wittgenstein: Die Verhexung durch die Sprache

Was sich überhaupt sagen lässt, lässt sich klar sagen; und wovon man nicht reden kann, darüber muss man schweigen.

Tractatus Logico-philosophicus (1921)

Soll man sagen: Ich gebrauche ein Wort, dessen Bedeutung ich nicht kenne, rede also Unsinn? Sage, was du willst, solange dich das nicht verhindert, zu sehen, wie es sich verhält.

Philosophische Untersuchungen (1949), § 79

Die Philosophie ist ein Kampf gegen die Verhexung unseres Verstandes durch die Mittel unserer Sprache. *(§ 109)*
Muss ich wissen, ob ich ein Wort verstehe? Geschieht es nicht auch, dass ich mir einbilde, ein Wort zu verstehen, und nun darauf komme, dass ich es nicht verstanden habe? *(§ 138)*
Was ich lehren will, ist: von einem *nicht* offenkundigen Unsinn zu einem offenkundigen übergehen. *(§ 464)*

Worte über nichts

Die Macht des Schalls ist stets grösser gewesen als die Macht der Vernunft. Das soll keine Verunglimpfung sein. Es ist besser für die Menschheit, beeindruckbar zu sein als nachdenklich.

Joseph Conrad, Über mich selbst (1912)

Die Ansicht, dass zu den Wörtern «Bedeutungen» gehören, ist ein Zweig der Magie.

Charles Ogden / J. A. Richards, The Meaning of Meaning (1923)

Give the people a new word and they think they have a new fact.

Willa Carter, amerikanische Schriftstellerin, 1936

Seligkeit ist der Besitz des höchsten Begriffs, der Zugang zu einem Gesichtspunkt, der die Welt vereinheitlicht.

Meine Kenntnis der Welt hat sich dadurch nicht vermehrt. Aber es gibt keinen Streit mehr zwischen der Welt und mir.

Antoine de Saint-Exupéry, Carnets, 2 (Nachlass)

Wir machen Aussagen über sämtliche Gegenstände des Universums, wobei wir dem, was die Leute sagen, ohne weiteres Kredit einräumen, also gleichsam Schecks auf ein Konto ausstellen, dessen Bilanz wir niemals gelesen haben.

José Ortega y Gasset, Der Mensch und die Leute (1957)

Wir sind die Spezies, die nicht nur über alles Worte macht, sondern sogar noch viel mehr Worte über nichts.

Hubert Markl, Präsident der Max-Planck-Gesellschaft (1996)

Namen- und Sachregister

Die Schlüsselbegriffe des Buches sind fett gesetzt, andere kritisch analysierte Wörter kursiv.

Abstraktion 123 f., 129–143, 155, 161
Alexander VI. (Papst) 53
Allegorien 131
Allgemeinbegriffe s. Abstraktion
Almen (Alpen) 70 f.
Alte, Alter, Überalterung 12, 31, 58, 106
Amerikanisierung 55
Angst 88, 90 f.
antiautoritär 151
Äquivalenz 20 f.
Arbeit 92–95
Arbeiterklasse 128, 149
Aristoteles 27, 85
Armut 48–51, 141
Augustinus 16, 29, 116
Ausländerhass, Feindbilder, Rassenwahn 78 f., 97

Babel, Isaak 66
Bacon, Francis 10, 110, 125 f.
Barley, Nigel 49
Beethoven, Ludwig van 101, 104
Begriffsbildung 7–9, 30, 117, 123–167
Behaviorismus 21
Besinnlichkeit 105–108, 120
Betroffenheit 8, 107 f., 136, 142
Biedenkopf, Kurt 151
«Bild» 42
Blair, Toni 63
Böll, Heinrich 42, 108, 135 f.
Boumedienne, Houari 100
Brecht, Bert 7, 61, 81, 150 f.
Brüderlichkeit 97, 101–104, 120, 128, 142
Büchner, Georg 37, 87

Buddha 102
Buruma, Jan 108
Busch, Wilhelm 24 f.
Bush, George W. 55
Byron, Lord George Gordon Noel 45

Campanella, Tommaso 22
Canetti, Elias 10
Carter, Willa 166
Cäsar 91
Cassirer, Ernst 137
CDU 58, 97
Chamberlain, Neville 82
Chancengleichheit 8, 21 f., 34, 58, 153
Churchill, Winston 133
Club of Rome 46
Cohn-Bendit, Daniel 30
Conrad, Joseph 166
cool 8
CSU 34

Dante 15
Darwin, Charles 70
Depressionen 37, 51
Descartes, René 126
Deutsche Presseagentur (dpa) 42, 133
Deutscher Normenausschuss 43
DIN 43
Don Quijote 65
Dostojewski, Fjodor 16
dpa 42, 133
Drogen 146
Duden 42 f.
Durandus de St. Pourçain 124
Dürrenmatt, Friedrich 10, 147

Echo 130 f.
Ehe 146 f.

Ehre 11
Ehrgeiz 155
Eichendorff, Joseph v. 87
Eifersucht 113
Elite 11
Endlösung, Endsieg 150
Engels, Friedrich 103
Entsorgungspark 149, 153
Enwicklungshilfe 50
Eppler, Erhard 34
Erdteile 118
Erziehung 22, 29, 109

Fallaci, Oriana 99 f.
Familie 146 f.
Feindbilder s. Ausländerhass, Vorurteile
Fernsehen 92
Fischer, Joschka 82
«Fit for Fun» 25
Folter 45
Fortschritt 8, 43–47, 140, 142
Fortuyn, Pim 98
Frankl, Viktor 41
Freiheit 11, 26–30, 104, 128, 142, 151, 158
Freizeit 36, 92–95, 141
Freud, Sigmund 37, 70, 86 f., 143
Frieden s. Pazifismus
Friedenslager 150
Friedrich der Grosse 91
Frühling 119

Gagarin, Juri 54
Galbraith, J.K. 116
Gattungsnamen s. Abstraktion
Gauck, Joachim 28
Gemüse 144 f.
Generationengerechtigkeit 59
Genie 161
Gerechtigkeit 141, 162, s. auch soziale Gerechtigkeit
Gesellschaft 132
Gessner, Salomon 68
Gesundheit 34–39, 120, 142, 153

Gewaltenteilung 128
Gewinn 148
Gleichheit 11, 18–22, 27 f., 57, 64, 104, 128, 140, 142, 158
Gleichmut 89
Gleichstellung 21
global 55
Globalisierung 52–55, 140
Glück 16, 24 f., 32, 38, 67, 84–87, 137, 140, 142
Goebbels, Joseph 150
Goethe, Johann Wolfgang 10, 24, 27, 51, 78, 87, 89, 113, 126, 160 f.
Gogh, Theo van 96, 98
Gogh, Vincent van 25
Gorbatschow, Michail 28, 46
Gross, Peter 59
Grünwald, H. J. 152
«Guardian» 100
Günther, Johann Christian 15

Handke, Peter 142
Hass 114
Hassliebe 143
Hegel, G. W. F. 86, 114, 142
Heine, Heinrich 27, 66 f., 90
Herder, J. G. 158 f.
Hessische Rahmenrichtlinien 152
Hitler, Adolf 23, 46, 62, 82, 150
Hochmut 89
Hölderlin, Friedrich 69
Holocaust 97
Homer 45
Hooligans 81
Horkheimer, Max 28, 77
Humboldt, Wilhelm v. 154
Huntington, Samuel 99
Huysmans, J. K. 46
Hypochonder 37
Hypostasierung 129 f., 132, 132–127, 149

Ikea 50
Indianer 81, 97

Inquisition 45
Inseln 117 f.
Internet 55, 61 f.
Islamismus s. Koran, Terroristen
Isolationsfolter 149

Jaspers, Karl 142
Jean Paul 16
Jefferson, Thomas 19f
Jesenska-Pollak, Milena 38
Jesus 102, 114 f.
Jung, C. G. 106, 132

Kafka, Franz 38, 40
Kampfbegriffe, Wortkeulen 19–22, 64, 145–154
Kant, Immanuel 16, 44, 77, 85, 110 f., 142
Kapitalismus 141
Kaprun 78
Keller, Gottfried 24
Kinsey, Alfred 40–42
Klassenkampf 149
Klassifizierung 118 f., 129, 143–145
Klemperer, Victor 149 f.
Kohl, Helmut 153
Kolumbus, Christoph 53
Kommunikation 60–63
kommunizieren 63
kongruent 20
Konkurrenz 113
Konsumterror 151
Kopernikus 76
Koran 17, 80, 98–100
Korruption 45
Korzybski, Alfred 142
Kraftwerke 71
Krankheit s. Gesundheit
Krankheitsgewinn 37 f.
Kraus, Karl 16, 19, 104, 120
Kreuzzüge 80
Krieg 46, 80–83, 91, s. auch Pazifismus
Kulturrelativismus 97, 100

law and order 151
Lebensqualität 11, 30–34, 141, 144
Lec, Stanislav 18 f.
Leibniz, G. W. 142
Leistung 151
Leitkultur 97
Lemberg, Eugen 29
Lenin, Wladimir 103, 150
Leonardo da Vinci 113
Lessing, G. E. 157
libido 143
Lichtenberg, Georg Christoph 30, 96, 157 f.
Liebe 142 f.
Linné, Carl v. 140
Locke, John 10, 18, 126–128, 155 f.
Logau, Friedrich v. 114
Lorenz, Konrad 135
Lüge 64, 109–112, 120, 144
Luhmann, Niklas 30
Lüneburger Heide 72
Luther, Martin 27

Magallanes, Fernando 54
Majestätsbeleidigung 96
Mann, Golo 154
Mann, Heinrich 113
Mann, Thomas 36, 45, 113
Marcuse, Herbert 86
Markl, Hubert 167
Marx, Karl 17 f., 21, 44, 46, 57, 103, 147–149
Marx, Wolfgang 77
Mauthner, Fritz 135, 163–165
Meineid 112
Meinungsforscher 84, 87, 112
Menschenhandel 150
Messner, Reinhold 23
Merz, Friedrich 97
Metapher 139
Michelangelo 25, 113
Microsoft 62
Mohammed II. (Sultan) 101

Montaigne, Michel Eyquem de 109–111
Mord 141
Moses 40 f.
Mozart, Amadeus 25
Muehl, Otto 23
Multikulti 8, 96–100
Musil, Robert 106
Musse 27, 92–95
Müssiggang 92
Mut 11, 88–91, 120, 142
Mutwille 89

Nächstenliebe 143
Nägeli, Harald 23
Nationalpark 74 f.
Natur, Naturschutz 11, 68–75, 140
Neid 113–116, 120, 144
Nero 24
Neruda, Pablo 104
Nestroy, Johann Nepomuk 47
«Neue Zürcher Zeitung» 108
Niederschläge 140
Nietzsche, Friedrich 8, 57, 65, 78, 129, 142 f., 147, 161–163
Nike 50
Norm, normal 40–43, 140
Novalis 159

Oberbegriff s. Abstraktion
Obst 144 f.
Occam, William 124
öffentliche Meinung 125
Öffentlichkeitsarbeit 63
Ogden, Charles 166
Ortega y Gasset, José 29, 167
Orwell, George 83

Paganini, Niccolò 25
Paradies 12, 15–18, 44, 64, 116
Paulus 16, 25, 93, 101, 109, 113
Pazifismus 80–83, 96, 120, 141
Personifizierung 129–132, 137
Pilatus 110

Pindar 24
Planeten 117 f.
Platon 22, 56, 109
Poe, Edgar Allan 95
political correctness 104, 115
Popper, Karl 78
Primaten 140
Produktivkräfte 149
Profit 148 f.
Proust, Marcel 95
Prozession 141

Rache 114
Rassenwahn s. Ausländerhass, Vorurteile
Rawls, John 59
Recht 142
Reichtum s. Armut, Freizeit, Lebensqualität
Rivalität 113
Robespierre, Maximilien de 19
Roscelinus, Johannes 123 f.
la Rochefoucauld, François VI. 64
Rote-Armee-Fraktion 149
Rousseau, Henri 27, 68 f., 96 f., 102
RTL 105
Ruhm 141, 155
Rundfunk 61

Saint-Exupéry, Antoine 167
Schadenfreude 64–67, 114
Schiller, Friedrich 44, 52, 66, 89, 101 f., 104, 113, 135
Schily, Otto 97
Schmidt, Harald 36
Schoeck, Helmut 115
Scholz, Olaf 58
Schopenhauer, Arthur 64, 85, 90, 113 f.
Schubert, Franz 95
Schuld 142
Schumann, Robert 76
Schwarzer, Alice 98
Schweitzer, Albert 70

Selbstbestimmung 29, 33
Selbstbestimmungsrecht 128
Selbsterhaltungstrieb 135
Selbstfindung 11 f.
Selbstmordattentäter s. Terroristen
Selbstverwirklichung 11, 22–26, 64, 153
Seneca 24 f.
Shakespeare, William 125
Simmel, Johannes Mario 42
Shaw, George Bernard 9
Skinheads 81
Sklaverei 20, 24, 27, 92, 97, 102
Solidarität 104, 151
Sontag, Susan 88
soziale Gerechtigkeit 9, 56–59, 113, 116, 128, 153
Sozialismus, SPD 34, 58, 97, 103 f., 115
«Spiegel» 136
Sprachmanipulation 146–154
Sprachnorm 42 f.
Sprachvermögen 135
Srebrenica 82
Staat 132
Stalin, Josef 93, 133
Stendhal, Marie Henri Beyle 45, 85
Steuerprogression 57, 115
Strafrecht 30, 40
Strauss, Johann 24
«Süddeutsche Zeitung» 53, 134
Swift, Jonathan 111
Szczypiorski, Andrej 29

Tell, Wilhelm 44
Terroristen 12, 17, 80, 83, 88, 96, 98 f.
Theokrit 68
Thierse, Wolfgang 106
Tiere, Tierschutz 9, 12, 33, 69 f., 74 f.
Till Eulenspiegel 65
Todesopfer 132
Tourismus 93 f.
Tordesillas (Vertrag von) 53, 55
Trenker, Luis 132

Tschernobyl 46
Tucholsky, Kurt 82

Überalterung s. Alter
Übermut 89
Umweltschutz 8, 74
Unbewusstes 136
Universalien s. Abstraktion
Unmut 89

Verantwortung 142
Verdinglichung s. Hypostasierung
Verleumdung 109
Vermenschlichung s. Personifizierung
Voltaire, François Marie Arouet 135
Vorurteil 64, 76–79, 120, 126, 144, 162
Vorsorge 36–39

Wagner, Adolph 57
Wagner, Cosima 76
Wagner, Richard 38, 76 f.
Wahrheit 110
Walser, Robert 65
Weihnachten 105 f., 133
Weisgerber, Leo 142
Weltgesundheitsorganisation 35
«Weltwoche» 37
Werbung 63
Whorf, Benjamin Lee 134
Wind 134 f.
Winter 132–134
Wittgenstein, Ludwig 47, 155 f.
Wohlbefinden 35 f., 38
Wohlstand für alle 128
Workaholic 94
Wortfetisch, Wortgötze, Wortidol 11, 23, 30, 47, 120, 125, 128
Wortkeulen, Kampfbegriffe 19–22, 64, 145–154

zählen 138 f.
Zenon der Jüngere 102, 123
Zürich 31